LEONOR RUIZ GURILLO

LA LINGÜÍSTICA DEL HUMOR
EN ESPAÑOL

ARCO/LIBROS, S. L.

Colección: *Bibliotheca Philologica*
Dirección: LIDIO NIETO JIMÉNEZ

© by ARCO/LIBROS, S.L., 2012
Juan Bautista de Toledo, 28. 28002 Madrid
ISBN: 978-84-7635-835-1
Depósito Legal: M-1.895-2012
Impreso en España por Lavel, Industria Gráfica, S. A. (Madrid)

Al grupo GRIALE.
A mi pie izquierdo.

ÍNDICE

PRÓLOGO *(Antonio Briz)*.. 11
AGRADECIMIENTOS... 13
ABREVIATURAS EMPLEADAS.. 14

1. INTRODUCCIÓN.. 15
   1.1. Poner puertas al campo.. 15
   1.2. Más allá del horizonte.. 20

2. RADIOGRAFÍA DEL HUMOR... 23
   2.1. El modelo estándar: la *Teoría Semántica del Humor* basada en guiones y la *Teoría General del Humor Verbal*............................ 23
   2.2. La Lingüística Cognitiva y el humor....................... 30
      2.2.1. Asunciones previas... 30
      2.2.2. Las críticas a la incongruencia-resolución y el *espacio cognitivo*.. 31
   2.3. La Teoría de la Relevancia y el humor.................... 33

3. UN MODELO PRAGMÁTICO PARA EL HUMOR EN ESPAÑOL............. 35
   3.1. Hacia una revisión de la *Teoría General del Humor Verbal*...... 37

4. DENOMINACIÓN DE ORIGEN: GÉNEROS SERIOS Y GÉNEROS HUMORÍSTICOS.. 43
   4.1. Una diferencia metodológica................................. 43
   4.2. El chiste como prototipo...................................... 44
      4.2.1. La *Teoría General del Humor Verbal* y el chiste............... 44
      4.2.2. La oposición de guiones y los mecanismos lógicos..... 46
         4.2.2.1. Mecanismos lógicos basados en relaciones sintagmáticas... 46
         4.2.2.2. Mecanismos lógicos basados en razonamientos... 48
      4.2.3. La situación: el chiste en interacción.................. 51
      4.2.4. La meta... 52
      4.2.5. Las estrategias narrativas................................. 52

    4.2.6. Los elementos lingüísticos... 53
    4.3. Conclusiones.. 54

5. El humor audiovisual: el monólogo... 57
    5.1. Introducción... 57
    5.2. Un género para el monólogo humorístico....................... 58
    5.3. La narración al servicio del humor................................... 60
    5.4. Del guión escrito al monólogo en acción........................ 69
    5.5. El humor en el monólogo.. 78
        5.5.1. Marcas de humor... 79
        5.5.2. Indicadores de humor... 80
    5.6. Conclusiones.. 85

6. *Lo bueno si breve...*: la parodia en forma de *sketch*................. 87
    6.1. Una definición de parodia... 87
    6.2. Un tipo de parodia: el *sketch* televisivo......................... 90
    6.3. Conclusiones.. 95

7. Un género no humorístico: la conversación espontánea.. 97
    7.1. Introducción... 97
    7.2. Un género para la conversación espontánea.................. 99
    7.3. Ironía y humor en la conversación coloquial................ 101
        7.3.1. La ironía en la dimensión estructural..................... 101
        7.3.2. La ironía en la dimensión social.............................. 105
        7.3.3. El humor como estrategia conversacional............. 109
    7.4. Conclusiones.. 114

8. La extraña pareja: ironía y humor.. 115
    8.1. Introducción... 115
    8.2. La ironía desde un acercamiento neogriceano............... 115
        8.2.1. La infracción de la máxima de cualidad................. 117
        8.2.2. La inversión del principio de Cantidad.................. 121
        8.2.3. La inversión del principio de Manera..................... 124
        8.2.4. La inversión del principio de Informatividad........ 127
        8.2.5. Coaparición de indicadores y marcas..................... 128
        8.2.6. De la ironía al humor.. 129
    8.3. Ironía y humor en contraste.. 131
        8.3.1. Semántica y pragmática... 133
        8.3.2. Eco.. 134
        8.3.3. Contraste... 135
        8.3.4. Negación.. 137
        8.3.5. Infracción de principios pragmáticos..................... 139

8.4. Conclusiones...	140
9. Conclusiones..	143
Bibliografía...	149

PRÓLOGO

No espere el lector una sesión de "risoterapia", aunque al leer algunos de los ejemplos con que nos obsequia la autora, uno no puede evitar cierta sonrisa. Lo que sigue es un trabajo serio sobre el humor, que rellena, además, un capítulo prácticamente inédito en la investigación lingüística española. Una investigación sustentada sobre una base teórica y metodológica semántico-pragmática de gran solidez y con experimentación sobre un corpus de referencia deliciosamente seleccionado y manejado por la autora.

La doctora Leonor Ruiz Gurillo es miembro del grupo Val.Es.Co (Valencia. Español coloquial. Universidad de Valencia) desde su fundación en el año 1990 y directora del grupo GRIALE (Grupo de Investigación para la pragmática y la ironía del español. Universidad de Alicante), y cabe señalar que en su trayectoria investigadora ha recorrido el camino que va de la fraseología coloquial a la ironía y, de aquí, hacia el humor. Es un recorrido lógico y natural: la fraseología en la conversación coloquial es un recurso con frecuencia al servicio de la ironía y, en consecuencia, también del humor, pues no hay ironía sin humor (aunque, como dice la autora, en el humor no siempre hay ironía).

Un repaso crítico de las teorías más influyentes sobre el humor y una revisión cuidada de la propuesta semántica, conocida como *Teoría general del humor verbal* de S. Attardo y V. Raskin, nos dirige con paso firme y seguro hacia una propuesta, también pragmática, hacia su explicación del humor como transgresión de principios pragmáticos, sobre todo, del de Informatividad, frente a la ironía, que primordialmente transgrede el de Cantidad.

La teoría se enriquece en este estudio con aspectos relacionados con los rasgos situacionales de género y registro, por ejemplo el del grado de familiaridad entre los interlocutores, rasgos socioculturales, edad, sexo, etc., con un estudio novedoso de los indicadores y marcas más rentables del humor en español, tanto en textos considerados propiamente humorísticos como en otros que no lo son, como la conversación coloquial. En este género y en esta situación de coloquialidad destaca el valor estratégico del humor y, en concreto, desde el punto de vista de las relaciones sociales, su fuerte valor identitario y de cohesión del grupo que interacciona.

Entre los géneros humorísticos analiza exhaustivamente el chiste, como prototipo, así como el humor audiovisual en el monólogo y en un tipo de parodia, el *sketch* televisivo, y en este análisis me gustaría destacar la descripción y explicación que realiza de los mecanismos lógicos asociados a las elecciones lingüísticas.

Entre los no humorísticos, como se ha indicado antes, estudia la conversación cotidiana, lo que, sin duda, es un logro y novedad en el análisis estratégico del humor. A través de numerosos ejemplos, algunos obtenidos del corpus de conversaciones coloquiales del grupo Val.Es.Co. (Briz y Val.Es.Co., 2002), el lector reconocerá los citados indicadores verbales del humor y las narraciones o relatos humorísticos característicos de este género.

Y otra aportación teórica, soportada en los análisis de datos del grupo GRIALE, es la que se refiere a las relaciones entre humor e ironía, una explicación que, como en todo el trabajo, va experimentando de forma brillante sobre el corpus, por ejemplo, de conversaciones coloquiales antes mencionado.

Para finalizar, parafraseo y hago mía una afirmación de la propia autora: este trabajo pone puertas al campo del humor en español, a la vez que abre las ventanas necesarias para que entre luz. Y en cuestiones de discurso y pragmática, buena falta hace establecer límites y fronteras entre unas categorías y otras.

Antonio Briz

AGRADECIMIENTOS

Este libro no sería el que hoy es sin la existencia del grupo GRIALE. Dicho grupo de investigación, del que soy directora desde su fundación en 2002, aglutina a un conjunto de profesores de Lengua Española y de Lingüística General de la Universidad de Alicante que, preocupados por la teoría pragmática y sus aplicaciones, se han dedicado a estudiar la ironía y el humor en español. Hasta el momento hemos contado con sendos proyectos I+D de los Ministerios de Educación y Ciencia (HUM2004-1318) e Innovación y Ciencia (FFI2008-00179), así como con diversas ayudas por productividad investigadora financiadas por la Universidad de Alicante. GRIALE está compuesto por Mª Belén Alvarado Ortega, Elisa Barrajón López, Jorge Fernández Jaén, Ruth Lavale Ortiz, Carmen Marimón Llorca, José Joaquín Martínez Egido, Xose A. Padilla García, Herminia Provencio Garrigós, Susana Rodríguez Rosique, Santiago Roca Marín, Isabel Santamaría Pérez y Larissa Timofeeva, y por las doctorandas, G. Angela Mura, Laura Aliaga Aguza y Elisa Gironzetti. A todos ellos, gracias por ayudarme a subir al plafón de la teoría, pero también por hacerme bajar al fango de la práctica. Deseo dar las gracias muy especialmente a Mª Belén Alvarado Ortega, Larissa Timofeeva, Susana Rodríguez Rosique y Carmen Marimón Llorca, que leyeron versiones iniciales de este libro y cuyas puntualizaciones, razonamientos o sugerencias han ayudado a mejorarlo. Tampoco deseo olvidarme de mi otro grupo de investigación, Val.Es.Co., al que pertenezco desde sus inicios en 1990, y en particular a Antonio Briz, Salvador Pons Bordería, Antonio Hidalgo Navarro y Marta Albelda Marco. Por encima de todo, quiero acordarme de mi familia: de Goyo, con el que sé que siempre puedo contar y que ha sido para mí un apoyo constante en estos últimos tiempos de mucho trabajo y de emociones compartidas; y de Sara y de Pablo, mis hijos, que me devuelven a la realidad más auténtica y generosa.

ABREVIATURAS EMPLEADAS

ISHS *International Society of Humor Studies*
PIM *Principio de Interrupción Mínima*
TGHV *Teoría General del Humor Verbal*
TSHG *Teoría Semántica del Humor basada en guiones*

1

INTRODUCCIÓN*

1.1. Poner puertas al campo

> "(...) lingüistic humor can be understood exhaustively only by a general linguistic account of humor"
> (Attardo, 1994: 334).

Con esta apreciación terminaba Salvatore Attardo su libro acerca de las teorías lingüísticas del humor. Y es que en el humor conviene acotar el objeto de estudio. Este hecho interesa a disciplinas tan dispares como la psicología, la sociología, la medicina, la enfermería, la educación o la economía. Nuestra labor en este trabajo se va a centrar, evidentemente, en la lingüística y, más en concreto, en el tratamiento pragmático del humor. En estos preliminares cabe establecer los límites con relativa claridad, pues el lector no encontrará aplicaciones a sus valores terapéuticos o a sus aspectos culturales. Ahora bien, los límites son únicamente metodológicos, pues el humor que usa el lenguaje como medio *emplea* intencionadamente elementos culturales, sociales, religiosos, políticos, ..., que, de hecho, estarán presentes en las explicaciones del humor.

Comenzamos refiriéndonos a las diversas corrientes que se han ocupado del humor, entre las que destacan, según Attardo (1994), tres enfoques principales:

– Las teorías de la superioridad, para las que toda experiencia

---

* Este trabajo ha sido posible gracias al Proyecto de Investigación FFI2008-00179/FILO "Aplicaciones a la clase de español como lengua extranjera de la ironía y el humor", financiado por el Ministerio de Ciencia e Innovación y co-financiado con fondos FEDER (2008-2011) y gracias a las Ayudas por Productividad concedidas por la Universidad de Alicante al grupo GRIALE.

humorística surge como manifestación del sentimiento de superioridad del hombre hacia el hombre. Este sentimiento es el que provoca la risa. Dicha tesis es defendida por Platón, Aristóteles, Quintiliano y, en tiempos modernos, por Hobbes, como nos informa Critchley (2004: 11). De hecho, la teoría de la superioridad domina la tradición filosófica hasta el siglo XVIII[1].

– Las teorías de la descarga, para las que el humor es el efecto de una descarga de energía física acumulada. De este modo, la energía que se libera en la risa es fuente de placer. Aparece en el siglo XIX en la obra de Herbert Spencer (cfr. Critchley, 2004: 11), pero es más conocida en la versión de Freud.

– Las teorías de la incongruencia, que consideran que el humor se basa en el descubrimiento de una realidad o un pensamiento que resulta incongruente con lo que se esperaba. Dichas teorías surgen con la obra de Francis Hutcheson *Reflections Upon Laughter* de 1750 y son elaboradas por Kant, Schopenhauer o Kierkegaard (cfr. Critchley, 2004: 11).

Afirma Perlmutter (2002: 157) que todas las investigaciones lingüísticas serias, excepción hecha del trabajo de Latta (1998), consideran que la incongruencia es la condición esencial para el humor verbal[2]. Ahora bien, no todas las incongruencias funcionan igual y en su resolución, a juicio de Perlmutter, tiene mucho que ver el oyente o lector, que es el que hace que un chiste sea divertido, usando determinadas inferencias y no otras u ignorando argumentos racionales.

Por otro lado, ocurre en ocasiones que esta explicación se combina en los trabajos lingüísticos con las teorías de la hostilidad, como afirma Attardo (2008: 104). Así por ejemplo, el trabajo de Archakis y Tsakona (2005), bajo el paraguas de la *Teoría general del humor verbal* propuesta por Attardo y Raskin, combina dos explicaciones del humor en la conversación: la de la incongruencia-resolución, que remite a la naturaleza cognitiva del humor, y la de la hostilidad, que explica el empleo del humor que hacen los hablantes como un elemento de enfrentamiento y de correctivo social.

---

[1] Para el psiquiatra Rojas Marcos (2010: 136), las historias con humor tienen un valor terapéutico, pues narrar de este modo hechos dramáticos o trágicos los hace más manejables.

[2] Conviene matizar esta afirmación hecha por Perlmutter (2002), puesto que tanto las teorías cognitivas como las relevantistas no consideran que dicho procedimiento explique el humor, como describimos en el capítulo 2. Véase, entre otros, Veale (2005).

En realidad, la teoría de la incongruencia-resolución es de base psicológica y fue propuesta por Suls (1972) para explicar el humor. Aunque parece una teoría estándar y profundamente asentada en las explicaciones del humor, puede hablarse al menos de otras dos propuestas previas (Ritchie, 2004: 59 y sigs.):

- El modelo de la interpretación forzada, que sigue, por ejemplo, Paulos (1980). Según este modelo, un chiste tiene dos partes principales: la *set-up* o cuerpo del texto, que presenta dos posibles interpretaciones, y el remate (o *punchline*). El significado del remate debe integrarse con el significado oculto para conformar una interpretación que difiere de la primera y más obvia interpretación.
- El modelo de los dos niveles, propuesto por Suls (1972). En este caso, se considera que el remate del chiste crea incongruencia y que se debe encontrar la regla cognitiva que capacita para que el contenido del remate se siga de manera natural de la información establecida en la fase de establecimiento (*set-up*).

Sobre el fundamento de la incongruencia-resolución se apoya la *Teoría general sobre el humor verbal* que ha venido desarrollando S. Attardo junto a otros autores. Sin embargo, destacan otras dos corrientes de estudio que no deben despreciarse:

- La Lingüística Cognitiva, que ha criticado duramente tal teoría y se ha apoyado principalmente en el concepto de *espacio mental* para explicar el humor (como se manifiesta en los trabajos de T. Veale, K. Feyaerts o G. Brône).
- La Teoría de la Relevancia, que considera que la búsqueda de relevancia óptima que lleva a cabo el destinatario del mensaje humorístico es el principio explicativo único (como defiende C. Curcó) o puede casar con la Teoría la incongruencia-resolución (como argumenta F. Yus o Mª Á. Torres).

De este modo, los trabajos lingüísticos se han centrado en una explicación basada en la incongruencia, los espacios mentales o la relevancia, si bien otros emplean aspectos relativos a las teorías de la hostilidad, la descarga o la superioridad. La Figura 1 pretende resumir los enfoques principales abordados en la lingüística del humor:

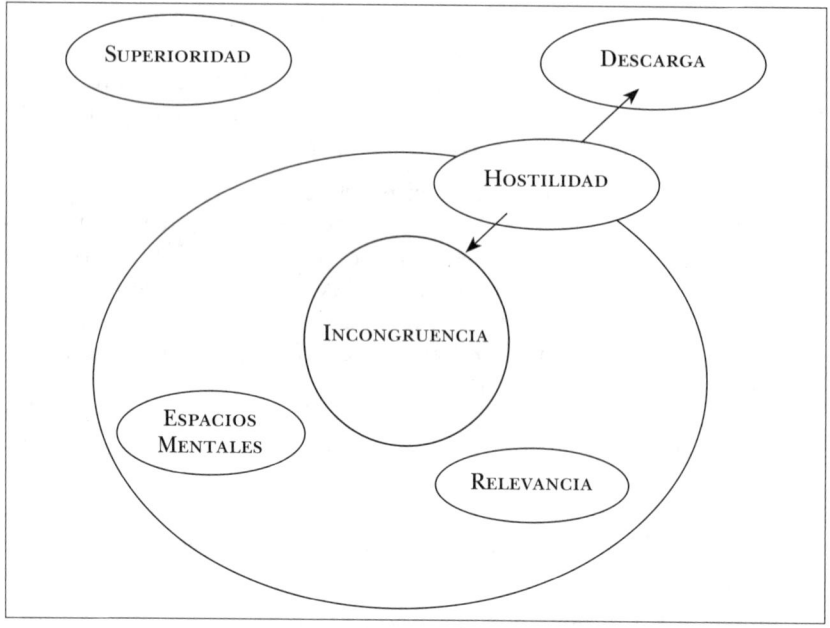

Figura 1: Teorías para la lingüística del humor

Ahora bien, cabe señalar que la lingüística sobre el humor, que se ha venido desarrollando desde mediados de los ochenta es todavía reciente y tiene tarea por delante. En este sentido, el trabajo programático de Attardo (1994) termina con las líneas por las que va a ir la investigación sobre el humor:

- La investigación sobre textos más extensos que el chiste.
- La interacción entre el análisis pragmático del humor y el análisis discursivo, donde se tengan en cuenta, por ejemplo, aspectos sociales.
- Los análisis neogriceanos del humor.
- Las aplicaciones de la Teoría de la Relevancia.

Estas cuatro líneas maestras han fundamentado buena parte de la investigación lingüística posterior a esa fecha, como bien refleja el propio Attardo (2008: 115-130), aunque es cierto que han surgido otros caminos, como el humor y el aprendizaje de lenguas o su traducción. Así, las sugerencias de investigación propuestas por Attardo en su trabajo de 1994 son revisadas y completadas por Attardo (2008: 130-132), donde se plantean algunas de las directrices presentes y futuras:

- Las investigaciones sobre lenguas y culturas específicas.
- Los acercamientos formales y computacionales.
- El análisis del discurso.
- Las relaciones entre ironía y humor.
- Los aspectos psicolingüísticos del humor.
- El análisis de los aspectos sociolingüísticos del humor, basado en corpus.

Tanto las predicciones de S. Attardo de 1994 como las más recientes de 2008 nos permiten estructurar el estudio que ahora presentamos. Nuestro trabajo se basa en el español y, en concreto, en la cultura del español peninsular. El enfoque adoptado es el de una pragmática como perspectiva, que permite arrojar una nueva luz sobre fenómenos lingüísticos implicados en el humor, como los rasgos socioculturales de los participantes en la interacción, los efectos que causa o el papel del contexto. No olvidamos las nociones de texto, género o registro que nos permiten adivinar los rasgos de los géneros serios en la construcción de los géneros humorísticos. Con este fin, se lleva a cabo un análisis de géneros humorísticos como el chiste, el monólogo de humor o el *sketch*, y de un género no propiamente humorístico, la conversación espontánea. Variables como el sexo, la edad o el grado de familiaridad de los hablantes serán tenidos en cuenta en las descripciones. Todo ello nos conducirá a proponer algunas diferencias entre ironía y humor, derivadas del examen del corpus.

Los dos capítulos que siguen a esta introducción son de carácter teórico. En el capítulo 2 se repasan las tres teorías fundamentales que han abordado el humor lingüístico: la que denominaremos *teoría estándar*, avalada por Victor Raskin y Salvatore Attardo, se apoya en seis recursos de conocimiento para explicar los textos humorísticos; la Lingüística Cognitiva, que observa el humor como un uso creativo del lenguaje y critica algunas de las bases de la teoría estándar; y la Teoría de la Relevancia, que explica el humor por medio de la búsqueda de la óptima relevancia que lleva a cabo el destinatario. En el capítulo 3 se discutirán críticamente algunos de los aspectos expuestos en el capítulo precedente, lo que conducirá hacia una propuesta revisada de la *Teoría general del humor verbal*. En los capítulos 4, 5, 6 y 7 se aplica la teoría a diversos géneros. En el capítulo 4 se traza la diferencia fundamental entre géneros serios y no serios y se analiza el género humorístico más característico, el chiste. En los dos capítulos siguientes se observan otros dos géneros humorísticos, el monólogo (capítulo 5) y el *sketch* televisivo como forma de parodia (capítulo 6). Dichos géneros, aunque comparten ciertos aspectos con el chiste, también presentan su propia idiosincrasia. En el capítulo 7 se analiza un género no humorístico, la conversación espontánea, donde el humor es una estrategia conversacional. Se parte de la hipótesis de que el humor tiene un comportamiento diferente en géneros no serios como este. Por otro lado, una de las mayores controversias en las teorías lingüísticas del humor radica en diferenciar este hecho pragmático de la ironía, tema que se aborda en el capítulo 8. Por último, cierran el trabajo unas conclusiones generales.

En suma, se comprende que el lingüista haya de conocer los límites y reconocer sus propios límites. Tan ingenuo es suponer que como usuarios del humor lo sabemos todo acerca del mismo, como pisar el terreno de otras disciplinas. Nuestra labor consiste, pues, en centrarnos en los acercamientos lingüísticos del humor bien fundamentados. Coincidimos con Raskin (2008) en que no se pueden llevar a cabo apreciaciones sin conocer la investigación sobre el humor que ya cuenta con varias décadas de tradición. Al tiempo, sería avezado por nuestra parte introducirnos en las investigaciones de otras ramas del saber. Consecuentemente, como lingüistas, conviene ponerle puertas al campo. Y como pragmáticos, conviene abrir ventanas para que entre la luz[3].

1.2. Más allá del horizonte

De acuerdo con Fry (2002: 306), las ciencias del humor son la psicología, la lingüística, la filosofía, la fisiología, la ciencia médica,

---

[3] Esta es la postura general que hemos defendido en el grupo GRIALE de la Universidad de Alicante. GRIALE, fundado en 2002, nació en el intento de explicar hechos pragmáticos como la ironía y el humor. Está compuesto por Leonor Ruiz Gurillo (directora), Belén Alvarado Ortega, Elisa Barrajón López, Jorge Fernández Jaén, Ruth Lavale Ortiz, Carmen Marimón Llorca, José Joaquín Martínez Egido, Xose A. Padilla García, Herminia Provencio Garrigós, Susana Rodríguez Rosique, Santiago Roca Marín, Isabel Santamaría Pérez y Larissa Timofeeva, profesores todos ellos de la Universidad de Alicante, así como por las doctorandas G. Angela Mura, Laura Aliaga Aguza y Elisa Gironzetti. Para más información, puede consultarse la página web: <http://www.griale.es>.

la antropología, la sociología, la cultura popular, la cibernética, la teoría computacional y la inteligencia artificial, la literatura y la crítica literaria (que integra la novela, el teatro, el arte gráfico o la animación). Sin ánimo de ser exhaustivos, un repaso somero nos conduce por valoraciones acerca del sentido del humor de diversas culturas y sus aspectos interculturales, el origen neurofisiológico del humor o su función terapéutica en distintas patologías.

Así, uno de los aspectos que recientemente más se ha investigado es el papel del humor en la comunicación intercultural, como se expone en Bell (2007) o Norrick (2007). El humor es, en este caso, una manera de construir la identidad y una forma de enriquecimiento intercultural (Habib, 2008), por lo que desempeña funciones discursivas en conversaciones como las que se dan, por ejemplo, entre ingleses nativos y chinos de Hong Kong (Cheng, 2003). Asimismo, es casi un tópico hablar del sentido del humor de algunas culturas, como la inglesa (Easthope, 2000).

En el mundo de la empresa, el humor puede emplearse para mostrar poder o solidaridad (Rogerson-Revell, 2007), como forma de persuasión en el ámbito legal (Hobbs, 2007a) o, usado por algunos jueces, puede funcionar como correctivo social, con el fin de sancionar a los delincuentes o desalentar conductas similares (Hobbs, 2007b). También cumple un papel entre los trabajadores "quemados" (*burnout*), cuya patología ocasiona que muestren de modo general una merma de su propia autoestima o de las relaciones sociales con otros colegas (Tümkaya, 2007).

En el ámbito médico o psicológico se ha investigado el papel que juega el humor en diversas patologías, como la neurosis en general (Galloway y Chirico, 2008), la esquizofrenia y el autismo (Rawlings, 2008), la depresión (Frewen *et* alii, 2008), la ansiedad (Berk y Nanda, 2006), cómo contribuye a la recuperación de los supervivientes de catástrofes (Heath y Blonder, 2003), cómo actúa en el bienestar físico y psicológico, en concreto, en la esperanza (Vilaytong *et alii*, 2003) o, incluso, la relación que tiene con la sinceridad de los seres humanos (Hampes, 1999). Por su parte, Fry (2002) revisa las aportaciones de la investigación sobre el humor, con el fin de aplicar sus resultados a las funciones mentales. En definitiva, el sentido del humor cumple un papel en la salud física y, en consecuencia, tiene aplicaciones terapéuticas (Martin, 2004). Por ello, también se investiga su origen neurofisiológico (Perlmutter, 2000).

2

RADIOGRAFÍA DEL HUMOR

Como bien nos advierte Raskin (2008: 1), no se puede profundizar sobre humor sin conocer la investigación especializada sobre el tema. Con este fin, el autor ha editado un volumen que supone un primer acercamiento desde diversos puntos de vista: lingüístico, psicológico, sociológico, computacional, etc. Cada uno de dichos capítulos ha sido redactado por un experto en la materia. Y lo cierto es que la investigación sobre el humor debe mucho a Victor Raskin y a su discípulo más aventajado, Salvatore Attardo. La labor de ambos se deja sentir a través de diversas publicaciones desde 1985, pero también en la dirección de nuevos investigadores como Christian Hempelmann o Sara di Maio, entre otros. Asimismo, no puede olvidarse la enorme labor de difusión que ha supuesto la revista *Humor*, editada desde 1987, y la fundación de la *International Society of Humor Studies* (ISHS), cuyos encuentros anuales, que se celebran desde 1989, reúnen a los especialistas en humor desde las más amplias perspectivas.

Hablaremos de esta propuesta a continuación (§ 2.1.), pero también de otras que la han criticado, en especial, la Lingüística Cognitiva (§ 2.2.) y la Teoría de la Relevancia (§ 2.3.).

2.1. El modelo estándar: la *Teoría Semántica del Humor* basada en guiones y la *Teoría General del Humor Verbal*

En 1985, V. Raskin propone su *Teoría Semántica del Humor basada en guiones* (*Script-based Semantic Theory of Humor*) (en adelante, TSHG), que, como indica su nombre, se apoya en la noción de *guión* (*script*). Dicha construcción cognitiva, también denominada *frame* o *esquema* por otros autores, supone una parcela estructurada de información que el hablante interioriza y que representa el conocimiento que este tiene de una parte del mundo (Raskin, 1985: 81). Según el propio Raskin (2008: 7), el *guión* permitió a los investigadores superar el significado de una palabra o frase individual y darse cuenta de que la competencia semántica de los seres humanos está organizada en racimos de información estrechamente relacionados. Por ello, esta teoría del humor es semántica, pero también pragmática, pues integra la información enciclopédica. En palabras de Raskin (1985: 99), para que un texto se caracterice como humorístico, por ejemplo como un chiste, ha de cumplir dos condiciones:

- El texto ha de ser compatible, total o parcialmente, con dos guiones diferentes.
- Los dos guiones se han de oponer entre sí como en una relación antonímica y se deben superponer total o parcialmente en ese texto.

La teoría fue mejorada con la entrada en escena de Salvatore Attardo, de modo que ambos (Attardo y Raskin, 1991) proponen la *Teoría general del humor verbal* (*General Theory of Verbal Humor*) (en adelante, TGHV). Dicha propuesta ha mostrado su eficacia a lo largo de dos décadas, pues todavía hoy sigue siendo el punto de referencia de las investigaciones lingüísticas y afines al humor.

En 1994, S. Attardo lleva a cabo un análisis lingüístico del humor verbal que recoge los logros de disciplinas como la semiótica o la psicología. En 2001 (Attardo, 2001a) traza una TGHV aplicable a textos de diversos registros, situaciones diferentes (medios de comunicación) y distintos periodos históricos. De este modo, analiza textos más extensos que los chistes, como novelas, historias cortas, *sitcoms* televisivos, películas o juegos. Tiene en cuenta criterios como la naturaleza lineal del texto, la importancia de los inicios y los remates de las estructuras humorísticas, las funciones del humor en la narración, la trama humorística, etc.

La TSHG es una teoría semántica; la TGHV, una teoría lingüística más amplia. A diferencia de la primera, se apoya en seis tipos de *recursos de conocimiento*, que se aplican inicialmente a los chistes y que muestran entre sí una relación jerárquica (Attardo, 2001a: 22-27 y 2008: 108). Dichas fuentes van a determinar si un texto cualquiera es humorístico o no. Son las siguientes:

1. La *oposición de guiones*, base de la TSHG y de cualquier texto humorístico.
2. El *mecanismo lógico*, que se corresponde con la fase de resolución en los modelos de la incongruencia-resolución. Es el mecanismo por medio del cual la oposición de guiones resulta ser divertida y/o se explica parcialmente algo más tarde[1]. Existen varios tipos, como la yuxtaposición, la falsa analogía o el quiasmo.
3. La *situación*, imprescindible para entender los textos humorísticos y sus inferencias.
4. La *meta*, o lo que se conoce como el "blanco" de la burla del chiste o texto humorístico. Se incluyen aquí los estereotipos de grupo o individuales. Ahora bien, este recurso de conocimiento puede ser opcional, pues algunas formas de humor no tienen como objeto ridiculizar a alguien en particular.
5. Las *estrategias narrativas*, esto es, el género del chiste o del texto humorístico.
6. El *lenguaje*, es decir, las elecciones léxicas, sintácticas, fónicas, etc.

De este modo, los recursos de conocimiento que emplea el texto humorístico se organizan jerárquicamente como se resume en la Figura 2, de acuerdo con Attardo (2008: 28):

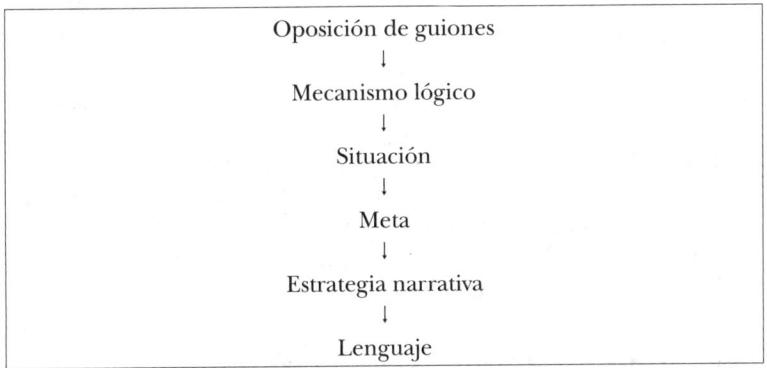

Figura 2: Organización jerárquica de los recursos de conocimiento de los textos humorísticos para la TGHV

---

[1] Se ha elegido aquí la formulación que presenta Attardo (2008: 108) para el mecanismo lógico, formulación mucho más clara que la aparecida en Attardo (2001a: 25-26), donde además reconoce que es el parámetro más problemático de los seis que componen los recursos de conocimiento de los textos humorísticos.

Este modelo funciona muy bien en textos cortos, como los chistes, pero también ha mostrado su eficacia en textos más largos. En este sentido, la aplicación de la TGHV a fragmentos más extensos que los chistes ofrece, al menos, cuatro asunciones (Attardo, 2001a: 206 y 2008: 110):

1. El análisis del texto como un vector, en el que cada enunciado humorístico puede ser codificado y analizado según la propuesta de la TGHV, que tiene en cuenta aspectos como la oposición de guiones, los mecanismos lógicos que se ponen en marcha en la resolución de la incongruencia o el lenguaje empleado.
2. La distinción entre *ganchos* (*jab lines*) y *remates* (*punch lines*)[2]: estas últimas son los remates con los que se cierra el texto humorístico; los ganchos pueden darse en cualquier lugar del texto y están completamente integrados en la narrativa en la que aparecen.
3. Como consecuencia de ello, la distribución de estos elementos en el texto es un factor importante que se ha de considerar.
4. Una taxonomía y un análisis de las *tramas humorísticas* (*humorous plots*), donde se diferencian las siguientes:
4.1. Trama humorística con remate, cuyo máximo exponente es el chiste;
4.2. Trama humorística con interrupción metanarrativa, texto que incluye una o más interrupciones de las convenciones narrativas propias de ese género; dichas interrupciones tienen naturaleza humorística;
4.3. Trama humorística con complicación central humorística: en esencia se trata de textos en los que la complicación central de la historia es humorística por sí misma. A juicio de Attardo (2008: 112-113), es la categoría más interesante de las tramas humorísticas, pero también la más problemática.

---

[2] Utilizando la metáfora del boxeo, S. Attardo equipara los procedimientos de *jab lines* y *punch lines* a los tipos de golpes básicos: el *jab*, o directo de izquierda, es un puñetazo veloz y directo, lanzado con la mano delantera desde la posición de guardia y se entiende como el golpe más importante en el haber de un boxeador, ya que le proporciona una cantidad justa de su propia capacidad de guardia y deja muy poco margen para recibir un puñetazo por parte del contrincante (Fuente: <http://es.wikipedia.org/wiki/Boxeo>. Fecha de consulta, 4 de agosto de 2010). El *punch* se entiende en esta analogía como el golpe de remate, en este caso del chiste.

La validez de esta propuesta a lo largo del tiempo ha ocasionado que tanto la TSHG de V. Raskin como la TGHV de V. Raskin y S. Attardo se hayan convertido en "the two most influential linguistic humor theories of the last two decades" (Brône, Feyaerts y Veale, 2006: 203). Ahora bien, existen diversos aspectos controvertidos que pasamos a enunciar a continuación.

En concreto, uno de los elementos más difíciles de sistematizar de la TGHV es el del mecanismo lógico, que explica a su vez la oposición de guiones y su resolución. En Attardo, Hempelmann y Di Maio (2002) se puede encontrar un intento de taxonomía. En primer lugar, se observa una diferencia entre los mecanismos basados en relaciones sintagmáticas, como el quiasmo, la yuxtaposición o el paralelismo, y los basados en razonamientos, como las analogías, las exageraciones o las que se apoyan en falsas premisas. El siguiente par de figuras, traducido del original, pretende arrojar luz sobre la taxonomía de mecanismos lógicos que funcionan en el humor:

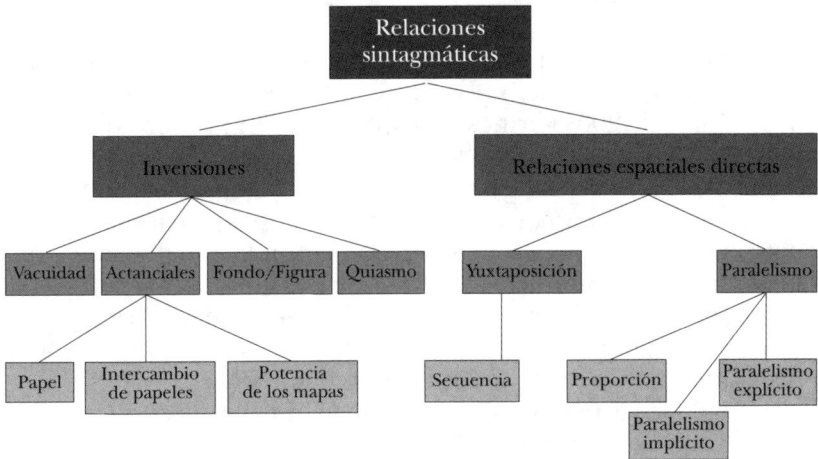

Figura 3: Mecanismos lógicos basados en relaciones sintagmáticas, según Attardo, Hempelmann y Di Maio (2002: 18)

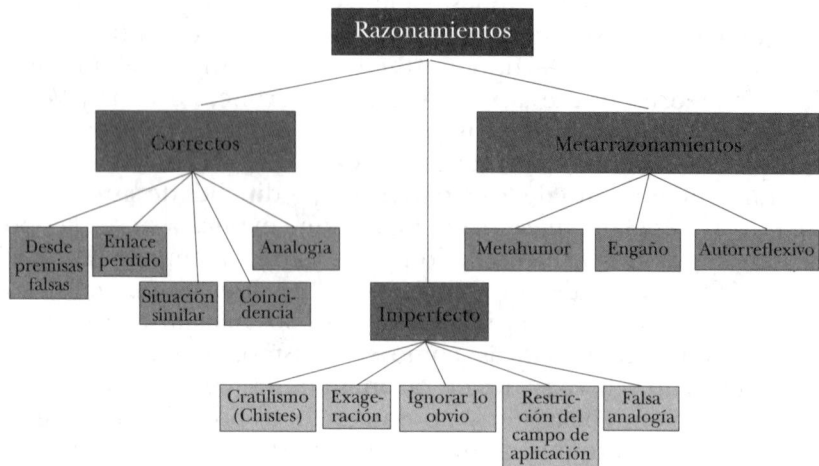

Figura 4: Mecanismos lógicos basados en razonamientos, según Attardo, Hempelmann y Di Maio (2002: 19)

Junto a los mecanismos lógicos, resulta crucial determinar cómo se lleva a cabo la oposición de guiones. Tanto Brock (2004) como Morreal (2004) critican su aplicación. El primero de ellos se apoya en dos fragmentos de los humoristas *Monty Phyton* y considera que el análisis de los guiones deber ser complementado con la identificación de las constelaciones de guiones adicionales, entre cuyos procedimientos se encuentra la manipulación dentro de uno de los guiones, la interacción de más de dos guiones y la colisión de los guiones desde diferentes planos. Por su parte, Morreal (2004) opina que, aunque la teoría de los guiones se adapta bien a los chistes, no explica todos los tipos de humor verbal.

Otro de los aspectos que ha preocupado a esta propuesta es su enlace con los fundamentos de la teoría generativa, aspecto que se evidencia de uno u otro modo en todas las publicaciones. De hecho, V. Raskin (2004: 433) en el *no homenaje*[3] que le tributan sus colegas en el monográfico de *Humor* con motivo de su sexagésimo cumpleaños, reconoce la influencia directa de Chomsky (1965) y Popper (1972), aunque defiende la idiosincrasia de su modelo. En este sentido, siguiendo las diferencias establecidas por el modelo generativo, Attardo (2001b: 167) entiende que hay dos maneras de

---

[3] En el prefacio, Attardo (2004: 351) define dicha publicación *Anti-Festschrift*.

abordar el humor, como *competencia* y como *actuación*. La primera se define como:

> The capacity of a speaker to process semantically a given text and to locate a set of relationships among its components, such that he/she would identify the text (or part of it) as humorous in an ideal situation.

La actuación, por otra parte, es:

> The actual encounter of two speakers (not necesssarily physically copresent), in a given actual place and time, i. e., in a given context.

Así, el *humor como competencia* propuesto por Attardo supone la capacidad de los hablantes para hacer y comprender el humor, tanto sus aspectos semánticos como pragmáticos e, incluso, la posibilidad de establecer diferencias con otras formas similares, como la ironía. El *humor como actuación* se refiere a los aspectos sociales de su empleo (dominio social, afiliación a un grupo, cortesía, persuasión, etc.) o las reacciones interaccionales que causa (risa, sonrisa, sarcasmo, juego).

La TGHV también ha sido aplicada en trabajos de índole computacional que analizan el humor desde el procesamiento del lenguaje o la teoría de los grafos. Ya en Raskin y Attardo (1994) se reconoce este campo, si bien no empezará a desarrollarse hasta más tarde. Aunque según Attardo (2008: 124), son escasos los resultados obtenidos en dichos estudios, hay algunas consideraciones que cabe tener en mente, como las aplicaciones que sirven para el reconocimiento del humor o los que ofrecen resultados para implementar la TGHV. Un ejemplo de ello es el trabajo de Attardo, Hempelmann y Di Maio (2002) que comentábamos más arriba.

La teoría ha seguido recibiendo aplicaciones como la de Hempelmann y Ruch (2005), que presenta la colaboración de la lingüística y la psicología para determinar cuáles de los recursos de conocimiento resultan más importantes para los hablantes. También destaca el trabajo de Archakis y Tsakona (2005) que avanza en su aplicación a textos conversacionales.

Como decíamos al comienzo, la propuesta que hemos denominado *estándar* ha recibido principalmente dos tipos de críticas, que provienen de la Lingüística Cognitiva (§ 2.2.) y de la Teoría de la Relevancia (§ 2.3.).

2.2. La Lingüística Cognitiva y el humor

2.2.1. Asunciones previas

Puede afirmarse que la Lingüística Cognitiva parte de dos asunciones:

- El significado es esencialmente una conceptualización;
- La estructura lingüística se basa en el uso, no solo semántico, sino también pragmático.

Siguiendo el artículo programático de Brône, Feyaerts y Veale (2006), esta es la razón por la que se ha preocupado por el uso creativo del lenguaje, en concreto, por el humor, ya que proporciona una imagen bastante acertada de cómo nuestra experiencia está estructurada por medio de mecanismos cognitivos como la metáfora, la metonimia o los marcos cognitivos. Este hecho se concreta en cuatro aspectos:

1. De acuerdo con la naturaleza enciclopédica de un enunciado, en contextos humorísticos como los chistes o el humor en interacción, el éxito del mismo depende de la activación del conocimiento experiencial (cultural, social, etc.) que comparten hablante y oyente en un espacio discursivo concreto.
2. En los textos humorísticos, como es el caso de los chistes, el oyente decide en determinado momento cuál es el significado cognitivamente más sobresaliente, de los diversos grados de *saliencia* (*salience*) que, desde el punto de vista de la estructura semántica, puede presentar una palabra o expresión.
3. Dado que la estructura semántica también se construye en el discurso, los chistes y otros textos humorísticos son igualmente informativos en esta dimensión, pues suponen un enlace con el texto previo pero, al mismo tiempo, violan las expectativas.
4. Por último, y de acuerdo con la idea de que el prototipo es la estructura más importante de la organización semántico-conceptual, los estudios lingüísticos del lenguaje creativo han demostrado que los efectos humorísticos tienden a generarse por medio de la explotación de las categorías prototípicas a lo largo de todo el espacio discursivo, categorías no solo semánticas, sino también pragmáticas.

Atendiendo a tales consideraciones, Ritchie (2005) propone un acercamiento a la ironía y al humor, entendidos como formas de lenguaje figurativo que ocupan un lugar central en las teorías cognitivas. Por su parte, Bergen y Binsted (en prensa) se ocupan de demostrar que el humor usa la pragmática de construcciones y las imágenes mentales, como la metáfora y los marcos cognitivos. Al mismo tiempo, las propiedades del lenguaje humorístico contribuyen a dilucidar la naturaleza del sistema lingüístico en general.

2.2.2. Las críticas a la incongruencia-resolución y el *espacio* cognitivo

De acuerdo con los fundamentos de la Lingüística Cognitiva arriba descritos, la teoría de la incongruencia-resolución y el concepto de oposición de marcos resultan aspectos cuanto menos discutibles. Otros constructos, como el *marco cognitivo* de Charles Fillmore o el *espacio mental* de Gilles Fauconnier y su posterior reformulación como *combinación conceptual* de Fauconnier y Turner (1994) proporcionan a esta teoría herramientas mucho más fiables en el análisis del humor. Así, la fuente (u origen) y la meta (o destino) estarían indirectamente conectados por medio de un espacio genérico y un espacio de "mezcla" (*blending*), lugar intermedio que es capaz de generar estructuras emergentes.

Esta noción dinámica choca con el estatismo de la oposición de guiones y su resolución, de manera que en algunos acercamientos cognitivos al humor, como el de Veale (2005), se encuentra un ataque directo a la noción de incongruencia, El autor se pregunta si la incongruencia-resolución es la causa radical que conduce a la creación del humor o, por el contrario, es simplemente un epifenómeno que se refiere a las posibles elecciones que puede hacer el hablante. Veale considera que tan importante como las estrategias narrativas, la situación o los mecanismos lógicos es la dimensión social, en concreto, considerar al oyente como agente social.

Por otra parte, Ritchie (2004: cap. 6) lleva a cabo una completa exposición crítica de la teoría estándar. Considera que al menos cuatro de los seis recursos de conocimiento sobre los que se asienta la TGHV no son exclusivos del humor: la situación, la meta, las estrategias narrativas y el lenguaje. Por si fuera poco, los conceptos básicos, los mecanismos lógicos y la oposición de guiones, no están bien definidos o se han definido de maneras diversas.

Atendiendo a tales críticas y desde las asunciones cognitivas, el humor se ha analizado, por ejemplo, como un *cambio de marco cognitivo* (*frame-shifting*) (Coulson, 2001 y Coulson, Urbach y Kutas, 2006) o como un *espacio mental* en términos de G. Fauconnier (Ritchie, 2006 o Brône, 2008). En el primer caso, el proceso léxico del remate del texto humorístico desencadena la construcción de modelos cognitivos en la memoria a corto plazo.

En el segundo caso, Ritchie (2006) parte de la idea comúnmente aceptada en las teorías del humor de que muchos chistes se componen de una fase de establecimiento (o *set-up*) que contiene una interpretación sobresaliente, y un remate (o *punchline*) que fuerza repentinamente al lector u oyente a una interpretación diferente de la fase de establecimiento. Para explicar esta reinterpretación, adopta el concepto de *espacio mental*: el proceso de interpretación no ha de localizarse necesariamente en el espacio mental de la audiencia, sino que es suficiente con que sea accesible para la audiencia. Así, el cambio en la interpretación puede ocurrir en el punto de vista del oyente, en el punto de vista de la narración o en el punto de vista del carácter de la historia. Con el empleo del concepto de espacio mental, Ritchie (2006) corrobora, a juicio de Brône, Feyaerts y Veale (2006: 219), una de las reivindicaciones fundamentales de la Lingüística Cognitiva: que es posible dar cuenta de un gran conjunto de fenómenos, tanto verbales como no verbales, utilizando estrictamente los mecanismos conceptuales básicos, en este caso, el concepto de espacio mental.

Nos detenemos ahora en lo que opina la TGHV de tales críticas. Según Attardo (2008: 129), algunos estudios cognitivos parecen haberse "malgastado" en ataques polémicos a teorías anteriores, sobre todo la TGHV. Lo cierto es que estos autores han defendido sus bases cognitivas en la explicación del humor y se ha producido en los últimos tiempos un acercamiento de ambas posturas, lo que se refleja en la edición del monográfico de *Humor* (2006) (nº 19, 3) sobre humor y Lingüística Cognitiva. Ahora bien, la invitación cursada por Attardo a los máximos exponentes de la Lingüística Cognitiva para formar parte del monográfico, invitación devuelta por los cognitivistas en Brône *et alii* (2006), no debe empañar las críticas de base que Attardo (2006) dedica a la misma en su presentación del volumen de *Humor*. En concreto, este artículo es una reacción a todas las asunciones en las que se apoya la Lingüística Cognitiva.

2.3. La Teoría de la Relevancia y el humor

Otro de los frentes abiertos que tiene la TGHV es la Teoría de la Relevancia. Diversos trabajos, principalmente de Carmen Curcó, de Mª Ángeles Torres Sánchez y de Francisco Yus, han venido a defender el principio de relevancia y la búsqueda de relevancia óptima como el motor que permite la comprensión del humor, frente a la propuesta general de la incongruencia-resolución. Para Curcó (1995), los acercamientos desde el análisis del discurso al humor, entre los que se encuentran las propuestas de Raskin y Attardo, han defendido que la clave de ser humorístico se encuentra en los textos, por lo que observar estos facilita una ruta hacia una descripción adecuada y hacia una explicación del humor verbal. Para Curcó, la clave reside en cómo los oyentes llegan a la interpretación humorística. En suma, reside en la interacción que se produce entre la percepción y la manipulación de la incongruencia, por un lado, y la búsqueda de relevancia, por otro.

Curcó (1996) considera que la percepción de la incongruencia no es una fuente del humor *per se*. De hecho, el juego con la incongruencia puede convertirse en una pista para que el oyente reconozca la actitud, en este caso humorística, del hablante. La percepción de la incongruencia se integra, así, en las habilidades que facilitan la comprensión del humor, pues es un estímulo ostensivo más que el hablante pone de manifiesto para el oyente. Por lo tanto, el humor se define como un *uso ecoico*[4] en el que se expresa implícitamente una actitud de distanciamiento hacia una asunción fuertemente manifestada por el significado implícito del enunciado.

Por su parte, Torres Sánchez (1999b) opina que en el humor el hablante conduce al oyente a generar una premisa fuertemente

---

[4] Para Wilson y Sperber (2004: 263) el uso ecoico es una forma de uso interpretativo del lenguaje. De este modo, "la gama de actitudes psicológicas transmitidas por el uso de un enunciado ecoico puede ser muy rica y variada. El hablante puede mostrar que respalda o se distancia del pensamiento o el enunciado del que se hace eco: que se siente confundido, enfadado, divertido, intrigado, escéptico, etc., o una posible combinación de todos esos estados".

implicada, premisa que contradice otro supuesto contextual, expresado o implícitamente manifiesto. La incompatibilidad de ambos supuestos contradictorios produce una incongruencia y ocasiona el efecto humorístico.

Yus (1995-96) supone un intento de integrar la teoría de la incongruencia-resolución en un proceso cognitivo más amplio, la búsqueda de relevancia. Para Yus (2003), el humorista construye sus chistes pensando que el oyente los interpretará en dos fases:

- En una primera, el oyente selecciona una interpretación accesible y acorde con el principio de relevancia, interpretación que más tarde rechazará.
- En una segunda, se invalida la interpretación anterior y se sustituye por una más cercana a la intención real del hablante.

El autor considera que la capacidad de disfrutar de textos humorísticos como los chistes no depende del texto, sino que en realidad depende, en primer lugar, del oyente y de la saturación del contexto, proceso en el que coinciden la intersección de dos entornos cognitivos y, en segundo lugar, de la habilidad del humorista para prever las operaciones de búsqueda de relevancia que se van a producir en la mente del oyente. Siguiendo con tal hipótesis, Yus (2004) analiza las diversas estrategias que utiliza *El Club de la Comedia*, un tipo de monólogos de humor, para lograr la óptima relevancia. Entre otras, se pueden comparar conceptos que no tienen nada que ver o se puede dejar la obtención de las inferencias en manos de la audiencia.

3
UN MODELO PRAGMÁTICO PARA EL HUMOR EN ESPAÑOL

Como hemos venido defendiendo en los capítulos precedentes, llevamos a cabo un estudio del humor desde el punto de vista lingüístico y, en concreto, desde la perspectiva pragmática. De hecho, nuestro modelo, desarrollado en el seno del grupo GRIALE, se apoya en los procesos inferenciales que permiten la comprensión del humor y se fundamenta en un conjunto de aspectos:

- Intenta mostrar generalizaciones en el empleo del humor.
- Pretende observar todas las aristas del fenómeno comunicativo: el género elegido; el texto (o secuencia) preponderante; el contexto en el que se emplea dicho género humorístico; a quién se dirige la burla; qué guiones se oponen en la incongruencia y cómo se resuelve dicha incongruencia; qué mecanismos lógicos contribuyen a resolverla; y qué relaciones guardan entre sí dichos mecanismos lógicos con la elecciones lingüísticas y paralingüísticas llevadas a cabo por los hablantes/escritores.
- Analiza marcas e indicadores como huellas de las elecciones, conscientes o no, que realizan los hablantes cuando usan el lenguaje.

Ya que consideramos que el humor presenta un conjunto de generalizaciones que pueden ser estudiadas y que muchas de esas generalizaciones podrían enseñarse o aprenderse, hemos de apoyarnos en una propuesta que nos facilite tal convencimiento. Hemos repasado en el capítulo 2 los principales acercamientos lingüísticos: la TGHV, la Lingüística Cognitiva y la Teoría de la Relevancia.

La última de estas propuestas explica el humor como un mecanismo que supone un alto coste de procesamiento para los hablantes, que han de lograr, en cualquier caso, la óptima relevancia, sirviéndose, por ejemplo, de su entorno cognitivo. De este modo, se pueden extraer de textos humorísticos conclusiones que no se derivan directamente de las premisas implicadas. En suma, el humor se infiere gracias a la búsqueda de óptima relevancia que se persigue en la comunicación. Ahora bien, dado el carácter principalmente contextual de las inferencias consideradas, la Teoría de la Relevancia no nos facilita un modelo que permita hacer predicciones acerca de cómo se va a emplear el humor en determinadas situaciones comunicativas.

Por su parte, la Lingüística Cognitiva considera que el humor es uno de los usos creativos del lenguaje, como la ironía, la metáfora o la metonimia. Manifiesta nuestro conocimiento experiencial y desencadena determinados efectos, que tienden a generarse por medio del concepto fundamental de prototipo. Así, los textos humorísticos se desarrollan en el espacio discursivo como formas semánticas, a la vez que pragmáticas. La noción que explica este hecho es la de *marco cognitivo* o la de *espacio mental*, nociones mucho más flexibles que la de *oposición de guiones* de Raskin y Attardo. Según esta idea, los espacios se mezclan en una zona conceptual intermedia que genera estructuras emergentes. Dichas estructuras emergentes son humorísticas y convierten en prominente, como en una relación metonímica, la figura frente al fondo. Pese a la dinamicidad de tal constructo, la Lingüística Cognitiva aborda el humor como un hecho experiencial propio de los seres humanos y no se detiene en los mecanismos que lo facilitan en cada lengua o cultura.

Por último, la primera de las propuestas, la TGHV, explica este hecho a partir de seis recursos de conocimiento, que actúan de manera jerarquizada: la oposición de guiones, los mecanismos lógicos, la situación, la meta o blanco de la burla, las estrategias narrativas y el lenguaje. A nuestro juicio, es una teoría más abarcadora, pues permite observar generalizaciones en los mecanismos lógicos que emplea el humor en sus diversas manifestaciones, contempla las estrategias narrativas como un hecho consustancial al humor y no olvida la importancia de las elecciones léxicas, gramaticales o fónicas. También concede un lugar destacado a la situación comunicativa en la que se desarrolla el texto humorístico y a quién va dirigida la burla. Así pues, estos seis aspectos nos ofrecen una explicación integrada del hecho comunicativo que es el texto humorístico.

Pese a que esta teoría resulta en principio adecuada, presenta algunos aspectos que cabría revisar, como exponemos a continuación.

3.1. Hacia una revisión de la *Teoría General del Humor Verbal*

Comenzamos por el aspecto más controvertido, la oposición de guiones. Este aspecto es, como bien señalan los cognitivistas, excesivamente rígido. Se resuelve en tres fases (fase de establecimiento, fase de incongruencia y fase de resolución), aunque al final del remate (o *punchline*) del texto humorístico, el oyente o lector está obligado a resolver la incongruencia en favor de uno de los dos guiones activados, con el fin de entender el humor y lograr así los efectos perseguidos. En el modelo no hay lugar para un espacio de mezcla donde los dos guiones alternen, sino la sustitución de un guión por otro. De este modo, el humor es un proceso inferencial costoso, pero de su resolución se obtiene una imagen clara y nítida del guión implicado. No obstante, las cosas no son tan sencillas como parece, pues en determinados géneros humorísticos, como los que utilizan la multimodalidad (viñetas u otras formas de humor gráfico), los guiones *conviven* en el mismo espacio discursivo (Padilla y Gironzetti, 2010).

Por otra parte, en la resolución del humor intervienen un conjunto de mecanismos lógicos, que han sido descritos como una taxonomía por Attardo, Hempelmann y Di Maio (2002). Dicha taxonomía presenta la ventaja de que facilita al lingüista un conjunto de recursos empleados en la resolución del humor. Sin embargo, dichos mecanismos no agotan todas las posibilidades. Al tiempo, hemos observado que cuando se intentan aplicar a corpus reales, como los chistes breves del español que analizaremos en el capítulo 4, se solapan unos a otros o, dicho de otro modo, actúan simultáneamente. Valoramos la taxonomía en lo que es, una lista que contribuye a la resolución de la incongruencia, pero creemos que otros aspectos podrían ser considerados si se analizaran textos humorísticos diversos.

Tanto la oposición de guiones como los mecanismos lógicos son, a juicio de Ritchie (2004), los aspectos idiosincrásicos del humor. El resto de recursos de conocimiento se dan tanto en manifestaciones comunicativas *non bona fide* (como ocurre con el humor y la ironía), como en formas *bona fide* (Raskin, 1985)[1]. Por ello, cabe preguntarse qué aportan de diferenciador al análisis del humor. Podría decirse que son necesarios para comprender el humor, aunque no basta, a nuestro juicio, con el tratamiento que han recibido por parte de la TGHV. Todo ello nos conduce a un análisis de los recursos de conocimiento que consideramos principales y a la propuesta de algunas mejoras en su tratamiento.

- En cuanto a las estrategias narrativas que emplea el humor, se incluye aquí el género, pero también cabría considerar el tipo de texto o la secuencia textual principal, y las nociones de registro que sitúan al texto humorístico en una determinada situación comunicativa. Por lo que afecta al género, consideramos que el humor modifica un género serio (Kotthoff, 2007: 292), por lo que el humorístico conserva sus rasgos textuales básicos. Sin embargo, los géneros humorísticos son manifestaciones socioculturales que son reconocidas como tales por una comunidad de habla concreta. Así, el género humorístico idiosincrásico es el chiste, cuya constitución textual se basa estructuralmente en el humor. Por lo que afecta a los géneros serios, estos pueden integrar el humor, de manera que cabría establecer una primera diferenciación entre géneros humorísticos y géneros serios a la hora de abordar el humor. Sobre ellos volvemos en § 4.1.
- Por lo que se refiere al tipo de texto, el humor emplea, básicamente, textos narrativos o, más estrictamente, secuencias narrativas donde se produce una sucesión de acontecimientos. Es evidente que no solo se emplea esta secuencia; también son habituales los textos expositivos o los conversacionales.
- Además, los rasgos de registro entroncan con la situación comunicativa en la que se desarrolla el texto humorístico y, en consecuencia, permite relacionar las estrategias narrativas con la situación, tratadas ambas como recursos de conocimiento. Los textos humorísticos pueden ser orales o escritos, pueden

---

[1] El autor diferencia la comunicación *bona fide* o seria donde el texto es cooperativo y la intención supuestamente recta, y la comunicación *non bona fide*, presente en la ironía, el humor, y otras formas de lenguaje en las que se viola abiertamente las máximas. Para Attardo (1993) una información *non bona fide* como la del humor puede terminar comunicando una información *bona fide* si el lector/oyente explota las presuposiciones del chiste, suprime la violación de las máximas o explota el metamensaje del chiste.

estar pensados para ser dichos, pueden ser más o menos planificados, pueden retroalimentarse con la alternancia de papeles comunicativos (hablante y oyente), pueden ser dinámicos o no, pueden ser inmediatos en el aquí y el ahora, de igual modo que pueden darse cara a cara o, por ejemplo, como formas de escritura oralizada (entre otros, el *chat*). Suelen tratar temas no especializados y moverse en un tono neutro o informal. En cuanto al fin que persigue es, evidentemente, interpersonal, pues el efecto final del humor es divertir.

– Por su parte, el recurso de conocimiento denominado "lenguaje" incluye las elecciones léxicas, gramaticales y fónicas de los hablantes. Cuando es aplicada por la teoría a textos humorísticos no se suelen resaltar las diferentes elecciones de unos y otros, de manera que no parece un factor determinante en el humor. Por nuestra parte, pensamos que las elecciones que lleva a cabo el escritor o hablante en un texto humorístico no son mecanismos independientes y aislados, sino un hecho del uso del lenguaje (Verschueren, 2002 y 2009): el escritor o hablante observa la gama de *variables* de entre las elecciones posibles; *negocia* en contexto tales elecciones; y, finalmente, *se adapta* a las opciones posibles que le permitan lograr su objetivo básico, divertir a la audiencia; en concreto, la adaptabilidad al contexto concreto es el mecanismo que genera más risa o causa más gracia entre la audiencia de un texto humorístico[2]. Dichas elecciones lingüísticas y paralingüísticas son marcas e indicadores del humor y facilitan el proceso de inferencia. Por ello, entroncan directamente con los mecanismos lógicos que ayudan a la inferencia. Al tiempo, guardan estrechas relaciones con las estrategias narrativas empleadas (género, texto y registro) y con la situación comunicativa en la que se desarrolla el texto humorístico.

– En cuanto a los procesos inferenciales que desencadena el hu-

---

[2] Hemos defendido a lo largo de nuestro trabajo una *pragmática como perspectiva*, tal y como plantea Jef Verschueren. Así, la pragmática es una ciencia cognitiva, social y cultural del lenguaje y de la comunicación que alude al uso del lenguaje. Al usar el lenguaje llevamos a cabo una continua elección lingüística en la que funcionan tres conceptos clave: la *variabilidad*, que determina el rango de elecciones posibles; la *negociabilidad*, que permite que dichas elecciones se lleven a cabo de acuerdo con principios y estrategias flexibles; y la *adaptabilidad*, que facilita al ser humano hacer elecciones lingüísticas negociables desde una gama de opciones variables, con el fin de que satisfagan las necesidades comunicativas (Verschueren, 2002:129-130 y 2009). Las elecciones pueden ser totalmente automáticas o plenamente conscientes; todas ellas forman parte del uso del lenguaje.

mor, se producen, principalmente como una infracción del Principio de Informatividad propuesto por Levinson (2000). En el humor se multiplican los referentes por medio de indicadores como la polisemia, la homonimia, la ambigüedad, la sinonimia o el empleo de pseudoabarcadores[3]. Repárese en que dichos indicadores lingüísticos se sostienen a su vez en mecanismos lógicos que son los que facilitan la resolución de la incongruencia. Los otros dos principios pragmáticos, el de Manera y el de Cantidad, se infringen igualmente en el humor, aunque se encuentran supeditados a los contextos humorísticos que facilita la infracción del principio de Informatividad[4].

En suma, de acuerdo con lo expuesto previamente, consideramos que el modelo que mejor explica el humor es el de la *Teoría general del humor verbal*, aunque resulta necesario modificar o cargar de sentido y de relaciones algunas de sus recursos de conocimiento. La figura 5 ilustra las modificaciones expuestas. Así, junto a la propuesta inicial de la TGHV de seis recursos de conocimiento se han añadido los mecanismos lógicos basados en relaciones sintagmáticas o en razonamientos. La estrategia narrativa, por su parte, se completará con los aspectos relativos al registro, al género y al

---

[3] Ya Rivarola (1991) señalaba como signos del humor idiomático fenómenos como la polisemia y la homonimia, la sinonimia o el metalenguaje. En cuanto a los pseudoabarcadores, se trata de crear una clase semántica formada por diversos elementos integrados en la misma que no lo agotan, pero que se reinterpretan como si lo hicieran (Timofeeva, 2008: 289). Este indicador es muy rentable tanto en la ironía como en el humor.

[4] Levinson (2000) propone para los principios pragmáticos, una máxima del hablante y un corolario para el interlocutor, que pasamos a exponer brevemente. Cantidad (Levinson, 2000: 76):
    Máxima del hablante: No proporcione una información más débil que el conocimiento del mundo que posee; en concreto, seleccione el elemento más fuerte del paradigma.
    Corolario del interlocutor: La información que ha ofrecido el hablante es la más fuerte que este puede hacer.
Manera (Levinson, 2000:136-137):
    Máxima del hablante: Indique una situación normal mediante expresiones no marcadas.
    Corolario del interlocutor: Una expresión marcada denota una situación no estereotípica.
Informatividad (Levinson, 2000:114):
    Máxima del hablante: Proporcione información mínima que sea suficiente para conseguir sus propósitos comunicativos.
    Corolario del interlocutor: Amplíe el contenido de lo enunciado por el hablante hasta encontrar la interpretación específica.
Para más detalles acerca de cómo se infringen dichos principios, consúltese §8.2.

tipo de texto. Además, el lenguaje se entiende como variabilidad, negociabilidad y adaptabilidad de los hablantes/escritores. Para lograr el efecto humorístico, se emplean marcas e indicadores a los que se asocian determinadas inferencias; dichas inferencias suponen, por su parte, la infracción de los principios conversacionales (Informatividad, Manera y Cantidad). Obsérvese asimismo que la oposición de guiones se materializa en las elecciones lingüísticas que se encuentran en los textos y, en consecuencia, se relacionan con marcas e indicadores. Por último, la situación está íntimamente relacionada con el lenguaje empleado:

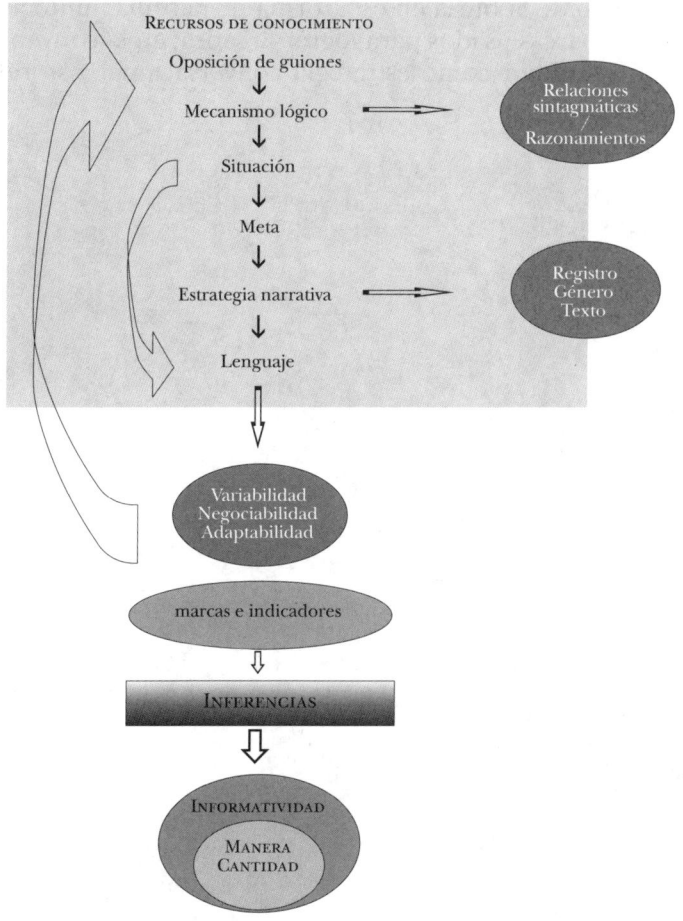

Figura 5: Propuesta revisada de la *Teoría general del humor verbal*

Tal modelo nos va a guiar en el análisis tanto de géneros humorísticos, como los chistes (capítulo 4), los monólogos humorísticos (capítulo 5) o los *sketchs* (capítulo 6), como en géneros serios como la conversación espontánea (capítulo 7). Partiendo de dicha propuesta, en cada uno de dichos capítulos se pondrá el acento en los aspectos más interesantes: en el chiste, en los mecanismos lógicos que se relacionan con las elecciones lingüísticas llevadas a cabo; en el monólogo, en las estrategias narrativas y, de modo particular, el registro, el género, el texto, y las diferencias entre los guiones escritos y su puesta en escena ante una audiencia; en el *sketch*, en la meta o blanco de la burla en esta forma de parodia, junto a los indicadores y marcas usados para lograr la sátira; en la conversación, en fin, en el humor como estrategia conversacional y su relación con la ironía.

4
DENOMINACIÓN DE ORIGEN: GÉNEROS SERIOS Y GÉNEROS HUMORÍSTICOS

4.1. Una diferencia metodológica

No cabe duda de que el humor modifica un género serio (Kotthoff, 2007: 292), por lo que el resultado humorístico conserva los rasgos textuales básicos del género serio. Ahora bien, los géneros humorísticos, como manifestaciones socioculturales que son, se identifican como tales en una comunidad lingüística concreta y suman a la textualidad del género serio original la idiosincrasia del humor. En consecuencia, son perfectamente identificables por dicha comunidad de habla. El género humorístico más característico es, sin lugar a dudas, el chiste, pues su constitución textual se basa estructuralmente en el humor. Será analizado en § 4.2.

Otras manifestaciones humorísticas son las bromas, las adivinanzas, las historias humorísticas, las fantasías compartidas, los chismorreos humorísticos, los monólogos de humor, las parodias televisivas u otras formas mediáticas. Podría pensarse que estos textos más amplios son en realidad una suma de chistes ordenados con mayor o menor tino. Ahora bien, consideramos, como hace Attardo (2001a: 61), que estos textos más extensos presentan elementos idiosincrásicos, aunque comparten con ellos aspectos significativos. En el capítulo 5 nos proponemos llevar a cabo un análisis del monólogo humorístico, que se basa, en parte, en la hipótesis de que la textualidad del género serio se mantiene en el humorístico. En el capítulo 6 se presentará una forma concreta de humor, la parodia televisiva, y se analizará un *sketch* televisivo.

Por lo que afecta a los géneros serios, estos pueden integrar el humor, de manera que cabría establecer una diferenciación entre géneros humorísticos y géneros serios a la hora de abordar el humor. Tal es el caso de la conversación espontánea, donde el humor puede impregnar determinados relatos. Sin embargo, pensamos que el humor tiene un comportamiento diferente en estos géneros no serios, como intentaremos mostrar en el capítulo 7.

Pese a esta diferenciación artificial, los llamados géneros humorísticos y los serios propiamente dichos se contagian a menudo de los aspectos de otros géneros o de los efectos humorísticos, de manera que lo que se presenta en la práctica es un trasvase de modos humorísticos que aprovechan los textos, tanto los propiamente humorísticos como los que no lo son. Es evidente que existen géneros humorísticos propios, como el chiste, pero en otros casos lo que se observa es una inserción de aspectos humorísticos en su textualidad. Consideramos que un grado mayor de planificación favorece un mejor manejo del humor para lograr los objetivos perseguidos y que presumiblemente este aspecto puede explicar que existan géneros humorísticos consolidados en una determinada comunidad de habla, como el chiste o el monólogo. Por lo que afecta a la conversación espontánea, el humor es un mecanismo comunicativo más, lo que no impide que en muchos casos se inserten textos como los chistes o procedimientos muy cercanos a formas humorísticas como los monólogos, por ejemplo. En cuanto al *sketch*, se trata de una forma que parodia un género serio y, en consecuencia, este presenta una textualidad que podríamos denominar "suplantada". Por todo ello, la frontera entre géneros serios y humorísticos que planteamos en este trabajo es únicamente metodológica.

4.2. El chiste como prototipo

4.2.1. La *Teoría General del Humor Verbal* y el chiste

El chiste es "the simplest and least complicated type of humorous text" (Attardo, 2008: 108)[1]. Con esta asunción en mente, vamos a detenernos en el análisis de chistes breves del español extraídos de diversas publicaciones[2]. Para ello, empleamos la propuesta de la

---

[1] Para Torres Sánchez (1999b: 55) el chiste es la célula de lo cómico. Son, más que chistes verbales aislados, *enunciados con intención humorística* o *enunciados humorísticos de la comunicación*.

[2] Estas publicaciones se incluyen en el apartado *Fuentes* de la Bibliografía final, donde se encontrará también la abreviatura empleada para cada una de dichas colecciones.

TGHV aunque, como adelantábamos en el capítulo 3, incorporamos en este caso los aspectos que se refieren a los tipos de mecanismos lógicos que intervienen en la resolución de la incongruencia.

El chiste cumple los requisitos establecidos por Raskin (1985: 99) para el humor: presenta dos guiones y esos dos guiones se oponen entre sí. En concreto, y siguiendo dicha hipótesis, el chiste plantea una incongruencia que se ha de resolver, lo cual se lleva a cabo por medio de tres fases:

- La fase de establecimiento
- La fase de incongruencia
- La fase de resolución

Como hemos descrito en el capítulo 2, la TGHV se apoya en seis tipos de *recursos de conocimiento* que se aplicaron inicialmente a los chistes. Son las siguientes, ordenadas de manera jerárquica (Attardo, 2001a: 22-27 y 2008: 108):

1. La *oposición de guiones* que, como condición básica de los textos humorísticos, está presente en el texto prototípico, el chiste.
2. El *mecanismo lógico* que, en el caso del chiste, permite resolver la incongruencia que se produce entre esta segunda fase y la primera, la fase de establecimiento. Se apoya en diversos procedimientos, como la yuxtaposición, la falsa analogía o el quiasmo, que veremos más abajo.
3. La *situación* que resulta básica para entender las inferencias que se deducen del chiste.
4. La *meta* o "blanco" de la burla que, en el caso del chiste, suele conformarse de forma agresiva hacia determinados estereotipos.
5. Las *estrategias narrativas* o el género del chiste. Un chiste presenta una organización narrativa, pero puede ser simplemente narrativo, puede manifestarse como un diálogo (con pregunta y respuesta, como una (pseudo)adivinanza o como una conversación.
6. El *lenguaje*, que incluye las elecciones léxicas, sintácticas, fónicas, etc. El chiste puede presentar varias formas, desde las más simples a las paráfrasis del mismo chiste. También cabe tener en cuenta el remate (*punchline*) del chiste, pues es esencial que aparezca en posición final.

Vamos a apoyarnos en dichos recursos de conocimiento, así como en los diversos tipos de mecanismos lógicos, para exponer los aspectos más significativos de los chistes breves del español.

4.2.2. La oposición de guiones y los mecanismos lógicos

De acuerdo con la propuesta de la TGHV, la oposición de guiones se produce por medio de diversos mecanismos lógicos, entre los que se encuentran la analogía o la yuxtaposición. En el intento de reorganizar estos, Attardo, Hempelmann y Di Maio (2002) llevan a cabo una taxonomía de los mecanismos lógicos; dicha taxonomía permite modelar las incongruencias que se derivan del enfrentamiento de dos guiones y cómo se resuelven estas. Nos basamos en dicha propuesta para examinar los chistes del español que forman parte de nuestro corpus. Nuestra hipótesis inicial, como exponíamos en el capítulo 3, es que dichos mecanismos lógicos no solo justifican la resolución de la incongruencia, sino que están estrechamente relacionados con las elecciones lingüísticas que se llevan a cabo en los chistes.

En el capítulo 2 (figuras 3 y 4) se han resumido los tipos tanto de relaciones sintagmáticas como de razonamientos que conforman el conjunto de mecanismos lógicos descritos por Attardo, Hempelmann y Di Maio (2002). Nos servimos de la taxonomía allí descrita para llevar a cabo una ilustración basada en chistes del español. Dicha ilustración, pese a que no es exhaustiva, pretende resaltar la importancia de contar con mecanismos lógicos concretos que expliquen la idiosincrasia del chiste como texto humorístico.

4.2.2.1. *Mecanismos lógicos basados en relaciones sintagmáticas*

Son diversos los mecanismos lógicos que se apoyan en relaciones sintagmáticas. Ejemplificamos a continuación algunos de ellos.
- Relaciones sintagmáticas basadas en inversiones que se apoyan en elementos actanciales, con el objeto de potenciar los mapas (conceptuales). Se trata de trasvasar elementos de un guión a otro guión, por ejemplo, los elementos más promi-

nentemente humanos a los animales, o al revés. Eso es lo que ocurre en (1), donde los animales presentan características humanas:

> (1) Un ciempiés y una mariposa tienen que encontrarse para merendar juntos. El ciempiés se retrasa, la mariposa se pone nerviosa y piensa en marcharse cuando el ciempiés llega, sudando.
>
> – Perdona –le dice- es que a la entrada hay un letrero que dice: "Limpiarse los zapatos, por favor" (CHD, pág. 66)

– Relaciones sintagmáticas basadas en relaciones espaciales directas que se apoyan en la yuxtaposición, en concreto, en la secuencia temporal. Consiste en presentar dos guiones simultáneamente en la secuencia temporal, como ocurre en (2):

> (2) Iba un ciempiés por el campo cuando pasó por encima de una pequeña raíz, y se tropezó, se tropezó, se tropezó, se tropezó... (MCHC, pág. 15)

– Relaciones sintagmáticas basadas en relaciones espaciales directas que se apoyan en el paralelismo, en concreto, en la proporción. Un ejemplo de ello podría ser el empleo de una unidad fraseológica que evoca sintagmáticamente a la expresión libre. Así en (3) se establecen relaciones sintagmáticas entre la expresión libre *tener la regla* y la unidad fraseológica *la excepción [confirma] la regla*:

> (3) El hombre es un ser inteligente. La única excepción tiene la regla (MCHC, pág. 160)

– Relaciones sintagmáticas basadas en relaciones espaciales directas que se apoyan en el paralelismo implícito. En este caso, se establece un paralelismo entre los dos guiones, al que se llega inferencialmente, sin ayuda de elementos que guíen las inferencias. Así ocurre en (4), basado en el guión *cómo quiero morir*:

> (4) Un hombre le dice a un amigo:
>
> – Yo quiero morir como mi abuelo: plácidamente, mientras duermo. Y no aterrorizado y gritando, como los que lo acompañaban en el coche (MCHC, pág. 195).

– Relaciones sintagmáticas basadas en relaciones espaciales directas que se apoyan en el paralelismo explícito. A diferencia del tipo anterior, en este caso se establece un paralelismo entre los dos guiones, normalmente vinculado a un marcador del discurso; en el caso de (5) y (6), se establece respectivamente una relación consecutiva por medio de los marcadores *y* y *entonces*:

> (5) La Luna estaba completamente llena... y acabó vomitando (MCHC, pág. 329).

> (6) Un mendigo va a pedir a una casa, y le dice:
>> –¿Podría darme algo de comer, por favor?
>> –¿Le importa que sea de ayer?
>> –No.
>> –Entonces vuelva mañana (MCHC, pág. 198).

4.2.2.2. *Mecanismos lógicos basados en razonamientos*

El segundo grupo de mecanismos lógicos se apoya en un razonamiento, que puede ser correcto, incorrecto o basarse en procedimientos metalingüísticos, como hacer humor con el humor. Veamos algunos de dichos mecanismos.

– Razonamiento correcto desde premisas falsas. Consiste en hacer que el lector u oyente llegue a determinadas conclusiones desde premisas falsas, como en (7), donde los razonamientos se establecen a partir de los significados de *gastar*:

> (7) ¿Qué es lo que los niños gastan más deprisa que sus zapatos?
>> –¡La paciencia de sus padres! (CHD, pág. 112)

– Razonamiento correcto con un enlace perdido. El encadenamiento que se produce entre la premisa presentada, presumiblemente falsa, y la conclusión es perfectamente lógica, aunque la resolución de la incongruencia es parcial. Así ocurre en (8), donde la resolución es inesperada:

> (8) ¿Por qué las viudas se ponen un velo negro?
> Para que no se las vea reír (CHD, pág. 12).

– Razonamiento correcto basado en una situación común. El razonamiento se apoya en los conocimientos compartidos por los interlocutores. En (9), sobre las consecuencias que desencadena un piano mal afinado:

(9) Un hombre llama a la puerta de la casa de un pianista, y le dice:
–Señor, he venido a afinar su piano.
–Pero, ¡si yo no he pedido un afinador!
–Usted no, pero sus vecinos sí (MCHC, pág. 322)

- Razonamiento correcto basado en una coincidencia. En este caso, el encadenamiento entre la premisa y la conclusión es fruto de una ambigüedad, que puede estar producida por un juego metalingüístico de palabras, como ocurre en (10), donde se aprovecha la homofonía como recurso en este chiste sobre el modelo de *Se abre el telón*:

(10) Primer acto: sale un tomate.
Segundo acto: sale una máquina fotográfica.
Tercer acto: sale el tomate posando ante la máquina fotográfica.
–¿Cómo se llama la obra?
–Tómate una foto (CHD, pág. 44).

Un grupo especial de chistes que encajan en este tipo de razonamientos son los fonológicos; en ellos, a juicio de Adrjan y Muñoz-Basols (2003), la estructura fonológica juega un papel determinante en el remate del chiste, remate que tiene carácter bilingüe, como ocurre en (11):

(11) –¿Cómo se dice suegra en ruso?
–Storvo (MCHB, pág. 124).

- Razonamiento correcto basado en una analogía. Consiste en llevar al lector u oyente a establecer una analogía entre dos guiones, como ocurre en (12) donde se presenta por el parecido entre dos elementos sin relación:

(12) ¿En qué se parece una pistola y un panadero?
-En que los dos hacen pan (MCHB, pág. 135).

- Razonamiento imperfecto basado en una exageración. En este caso, el razonamiento se lleva al extremo, pues la resolución pasa por detectar la exageración sobre la que se apoya la incongruencia, como en (13):

(13) -Mamá, mamá, pan.
Y la madre se murió (MCHC, pág. 184)

- Razonamiento imperfecto basado en ignorar lo obvio. La oposición de guiones se resuelve al ignorar lo que parece obvio, considerando el enunciado inicial, como en (14):

> (14) Jefe de personal: Este es el cuarto día de la semana que llega usted tarde. ¿Qué conclusión saca usted de eso?
> Empleado: Que hoy es jueves (CHD, pág. 123)

- Razonamiento imperfecto basado en restringir el campo de aplicación. Consiste en enfrentar los dos guiones, de modo que la resolución de la incongruencia pase por restringir el campo de aplicación de ciertos elementos; por ejemplo, los sustantivos solo se refieren a seres humanos. En (15), la premisa selecciona el clasema 'ser humano' que la conclusión se encarga de contradecir como 'persona de sexo masculino':

> (15) El hombre es un ser inteligente. La única excepción tiene la regla (MCHC, pág. 160)

- Razonamiento imperfecto basado en una falsa analogía. Consiste en llevar al lector u oyente a establecer una analogía entre dos guiones, normalmente falsa, como en (16) y (17):

> (16) –¿Qué tienen en común los espermatozoides y los abogados?
> –Uno de cada cincuenta millones tiene la posibilidad de convertirse en un ser humano (CHD, pág. 80).
>
> (17) ¿Qué es lo peor de ser un esquimal?
> –Que te acuestas por la noche con tu novia y al día siguiente ella se levanta embarazada de seis meses (MCHB, pág. 88).

- Metarrazonamientos basados en el humor. Se trata de utilizar el humor como metalengua para generar la incongruencia y su posterior resolución, es decir, de servirse del metahumor. Así ocurre en (18), donde se recurre a un inicio de chiste tópico para la sociedad española[3]:

> (18) Un francés, un inglés y un español entran en un bar. El camarero los mira de arriba abajo y dice: "¿qué pasa?, ¿es una broma?" (Adaptado de: <http://en.wikipedia.org/wiki/Meta-joke>).

En casos como el de (18) el hecho de partir de un modelo previamente establecido y de usar intencionadamente metalenguaje relativo al humor, como *chiste* o *broma*, ocasiona la infracción explí-

---

[3] Repárese que en otras sociedades el chiste comenzaría de otro modo. Así por ejemplo, en Reino Unido e Irlanda como "un inglés, un irlandés y un escocés", en Francia como "un francés, un belga y un quebequense" o en China como "un chino, un coreano y un japonés" (Fuente: <http://en.wikipedia.org/wiki/An_Englishman,_an_Irishman_and_a_Scotsman>). Fecha de consulta: 5 de abril de 2011).

cita del requisito de cualidad (Levinson, 2000 y Rodríguez Rosique, 2009), lo cual sitúa al oyente/lector en la única interpretación posible, la humorística.

– Metarrazonamientos basados en la autorreflexividad. Supone otro de los mecanismos lógicos que se apoya en la metalengua. Esto ocurre, por ejemplo, cuando se implican los guiones de dos lenguas distintas, como en (19):

> (19) –¿Tú sabes qué significa 'Why' en inglés?
> –Por qué.
> –No, hombre, solo era por saberlo (MCHC, pág. 321).

4.2.3. La situación: el chiste en interacción

En realidad, los mecanismos lógicos empleados y las elecciones lingüísticas pensadas para conseguir un efecto humorístico concreto no funcionan sin una situación adecuada. Factores contextuales como la familiaridad y los actos agresivos son determinantes en las consecuencias que se dan del humor (y de la ironía) (Attardo, 2008: 119). También es importante estar preparado para su recepción, por ejemplo, sabiendo que uno se dispone a ver un programa de chistes, lo que garantiza unas determinadas reacciones, como la risa. En uno de los programas televisivos basados en este género, *El Club del Chiste*, emitido por Antena 3 en 2010, se cuentan chistes todas la noches. Son cuatro o cinco los humoristas que los representan ante la audiencia. Cada uno de ellos está especializado en un tipo. El medio audiovisual nos facilita observar estrategias que pasan desapercibidas en los chistes en papel. Así, ante un chiste como (20):

> (20) –¿En qué se diferencian un scalextric y unas tetas?
> –En nada, en que los dos están pensados para los niños, pero quienes los disfrutan realmente son los padres.

El humorista utiliza las pausas para crear expectativa. Pero no solo eso; también las emplea para anticiparse a la reacción del público. En concreto, después de la primera respuesta (*en nada*) que daría como resultado un texto no humorístico, anticipa la segunda respuesta humorística por medio de gestos y de la sonrisa. Si bien es cierto que la audiencia está predispuesta al humor, ya que todo el programa gira en torno al mismo, no es menos cierto que el éxito de un chiste depende en gran medida de cómo se cuente y de cómo emplee el humorista los elementos no verbales: sonrisa, risa, gestos cómicos, acento, etc.

4.2.4. La meta

Son muchas las recopilaciones de chistes que pueden encontrarse hoy en día, incluso distribuidos según el blanco al que se dirige el humor: chistes de jueces y abogados, de médicos, de profesores, de músicos, de machistas, de feministas, de matrimonios, de familias, de niños, de Lepe, de Jaimito,... La lista es interminable. Puede hablarse también de humor negro, políticamente incorrecto, blanco, o basado en la ingenuidad, o humor del absurdo, entre otros.

4.2.5. Las estrategias narrativas

El chiste utiliza una trama narrativa con un remate, necesariamente localizado al final (Attardo, 2001 y 2008). Tomando como base tal circunstancia, puede decirse que los procedimientos narrativos que emplea son variados: a menudo el chiste tiene forma de adivinanza; otras veces es una comparación; en ocasiones, se cuenta como una historia que le ocurrió al que cuenta la historia. Algunas de las estrategias narrativas más empleadas son las de construir el chiste como una analogía (21), como una manera de dar título a una película u obra de teatro (22) o como el colmo de algo (23). Nótese que tales estrategias narrativas sitúan al destinatario en un mecanismo lógico concreto que le va a permitir resolver la incongruencia o, al menos, elegir los guiones con que debería hacerlo.

(21) –¿En qué se parecen un melón y una manzana?
–En que con ninguno de los dos puede hacerse zumo de pera (MCHB, pág. 137).

(22) –Se abre el telón y aparece un cerdo junto a un dinosaurio. ¿Cómo se llama la peli?
–Puerco jurásico (MCHC, pág.257).

(23) –¿Cuál es el colmo de un peluquero?
–Que le tomen continuamente el pelo (MCHB, pág. 112).

Ni qué decir tiene que tales "historias" breves pueden ampliarse como relatos y que estos admiten múltiples variantes: en la estrategia *Se abre el telón* pueden diferenciarse diversos actos; en los parecidos, puede ampliarse la respuesta; las historias, en fin, podrían contarse como si fueran autobiográficas para darles más autenticidad.

4.2.6. Los elementos lingüísticos

Los mecanismos lógicos descritos, que justifican la resolución de la incongruencia producida al enfrentar, o solapar, dos guiones, se valen de procedimientos lingüísticos concretos para conseguir que se logren las inferencias. Por ello, consideramos que las elecciones léxicas, morfológicas o fónicas que se reflejan en los chistes no son simplemente elecciones aisladas, sino que se han de comprender dentro del proceso general de la comunicación, según el cual los hablantes llevan a cabo elecciones concretas para lograr sus fines comunicativos.

Empleamos a continuación algunos de los chistes previos para observar las marcas e indicadores del humor que se han utilizado. Aunque no pretendemos ser exhaustivos, observaremos algunas correlaciones que se establecen entre los mecanismos lógicos y los recursos lingüísticos usados en cada caso.

Así, parece existir una correlación entre el empleo del razonamiento como mecanismo lógico y el uso de indicadores semánticos, como la polisemia, la homonimia, la antonimia, la hipérbole o la fraseología. De este modo, en (24) se lleva a cabo un razonamiento correcto que se apoya en una premisa falsa; dicha premisa está soportada por la polisemia del verbo *gastar*, entendida en la premisa con sentido físico y en la conclusión con sentido metafórico:

>(24) ¿Qué es lo que los niños gastan más deprisa que sus zapatos?
>–¡La paciencia de sus padres! (CHD, pág. 112)

En los razonamientos que se apoyan en una coincidencia suele ser la ambigüedad la que desencadena la resolución de la incongruencia. Nótese cómo en (25) la ambigüedad se apoya en el nivel fónico:

>(25) –¿Cómo se dice suegra en ruso?
>–Storvo (MCHB, pág. 124).

En cuanto a los razonamientos basados en analogías, emplean como en (26) la homonimia, patente en el mismo elemento fónico:

>(26) ¿En qué se parece una pistola y un panadero?
>–En que los dos hacen pan (MCHB, pág. 135)

Por lo que atañe a los razonamientos imperfectos basados en restringir el campo de aplicación, se apoyan en las diferencias clasemáticas que emergen de los dos significados de la palabra clave. En (27), se entiende hombre simultáneamente como 'ser humano' y como 'persona de sexo masculino'. Obsérvese también cómo en el razonamiento están implicadas las relaciones sintagmáticas que se establecen entre la expresión libre *tener la regla* y la unidad fraseológica *la excepción [confirma] la regla*:

>(27) El hombre es un ser inteligente. La única excepción tiene la regla (MCHC, pág. 160)

Todos los mecanismos lógicos vistos hasta aquí que se basan en razonamientos se infieren por medio del principio de Informatividad ("Proporcione la información mínima que sea suficiente para conseguir sus propósitos comunicativos"). En este caso, se infringe dicho principio, pues en el chiste se utilizan intencionadamente expresiones que aluden a múltiples referentes, ya sean polisémicas, homonímicas, antonímicas, con restricciones clasemáticas o, simplemente, ambiguas.

4.3. Conclusiones

En las páginas previas se ha propuesto que los géneros de humor utilizan los mecanismos de textualidad de los géneros serios en los que se fundamentan. Ahora bien, los llamados *géneros humorísticos* suman a la textualidad del género serio original la idiosincrasia del humor, por lo que son perfectamente identificables como tal por una comunidad de habla. El uso del humor no está vedado a ningún género, por lo que los géneros serios también se dejan influir por este hecho creativo. Tal es el caso de la conversación espontánea, donde el humor puede impregnar determinados relatos. En consecuencia, la diferencia entre géneros serios y humorísticos es artificial, ya que lo que se observa es un trasvase de procedimientos humorísticos a géneros *per se* no humorísticos, al tiempo que una comunión entre los humorísticos, como ocurre entre el chiste y el monólogo. Así pues, la discriminación teórica es útil metodológicamente hablando, aunque cabe observarla gradualmente en los análisis que propondremos en los próximos capítulos

El género propiamente humorístico es el chiste, que se define como el texto más simple y menos complejo de los textos humorísticos (Attardo, 2008: 108). De acuerdo con su carácter prototípicamente humorístico, hemos llevado a cabo un análisis de los chistes breves del español, fundamentado en la TGHV y en los seis recursos de conocimiento que propone para su comprensión. Así, hemos visto que los mecanismos lógicos que emplea, ya se basen en relaciones sintagmáticas, ya en razonamientos, permiten resolver la incongruencia que se produce entre la fase de establecimiento (o *set-up*) y el remate del chiste (o *punchline*). Procedimientos como la analogía, la ambigüedad, el paralelismo o la yuxtaposición son algunos de los mecanismos lógicos que se pueden emplear en los chistes para facilitar la resolución de la incongruencia. Como hemos intentado mostrar, tales mecanismos lógicos se relacionan estrechamente con las elecciones léxicas, morfosintácticas o fónicas que muestra el chiste, pues, como hecho comunicativo, refleja la variabilidad, la negociabilidad y la adaptabilidad del lenguaje (Verschueren, 2002 y 2009). La situación, el blanco de la burla o las estrategias narrativas también contribuyen a concebir el chiste como texto humorístico.

Es evidente que la opción presentada aquí no agota todas las opciones. La selección intencionada de chistes breves nos ha permitido llegar a determinadas conclusiones que hubieran sido otras si hubiéramos analizado otros tipos cercanos, como los chistes narrativos, las adivinanzas, las bromas u otras formas humorísticas. De hecho, no ha de olvidarse que la propuesta aquí reflejada ha recibido críticas como la de Ritchie (2004), que cuestiona los fundamentos de la TGHV para el análisis de los chistes y otros textos de humor.

En los siguientes capítulos se van a analizar otros dos géneros humorísticos, el monólogo (capítulo 5) y el *sketch* televisivo como forma de parodia (capítulo 6). Siguiendo a Attardo (2001a: 61), consideramos que, aunque comparten ciertos aspectos con la forma prototípica, el chiste, también presentan aspectos idiosincrásicos. Por otro lado, la conversación espontánea será analizada en el capítulo 7, partiendo de la hipótesis de que el humor funciona de modo diferente en géneros serios como este.

5
EL HUMOR AUDIOVISUAL: EL MONÓLOGO

5.1. Introducción

A continuación, vamos a intentar observar cómo funciona un género que se ha extendido últimamente a diversos medios audiovisuales: el monólogo humorístico. Aunque emplearemos diversos monólogos que se enmarcan dentro de este modelo, nos ceñiremos principalmente a los que podemos denominar "clásicos", los de *El Club de la Comedia*. La bibliografía que se ha ocupado de esta modalidad (Greenbaum, 1999; Attardo, 2001a: 62-64; Yus, 2002 y 2004; Castellón, 2008) nos sirve de base para nuestras observaciones.

Intuitivamente, podría pensarse que el monólogo es una sucesión, más o menos acertada, de chistes. Dicha apreciación es, como afirma Attardo (2001a: 62-64), excesivamente simplista y no nos permite ver la auténtica esencia del monólogo humorístico. Así, considera que los textos humorísticos que son más extensos que los chistes comparten con estos aspectos significativos, pero presentan también otros idiosincrásicos. En el caso que nos ocupa, se encuentran, según Attardo (2001a: 63), los siguientes rasgos:

1. Tienen una cierta estructura, con comienzos y finales estructurados.
2. Existen vínculos cohesivos dentro de algunos de los chistes.
3. Presentan vínculos contextuales con los escenarios donde se lleva a cabo este género.

Tales argumentos nos van a guiar en la observación. Por ello, nos detendremos en primer lugar en los rasgos que presenta este género audiovisual (§ 5.2.); ello nos conducirá a una reflexión sobre la estructura narrativa sobre la que se asienta (§ 5.3.). Ahora bien, se observan diferencias entre el guión escrito y el monólogo que se escenifica, aspectos que serán tenidos en cuenta en § 5.4. Con todo ello, estaremos en condiciones de adentrarnos en los procedimientos humorísticos que emplea dicho género (§ 5.5.).

5.2. UN GÉNERO PARA EL MONÓLOGO HUMORÍSTICO

Para Castellón (2008), el monólogo humorístico es un tipo de espectáculo de humor, primordialmente televisivo que surge en España a partir del *Stand-up Comedy* americano. Al parecer, el nombre de *Stand-up Comedy* se debe a que los monologuistas se encuentran habitualmente de pie ante el público, provistos de un micrófono y con un taburete como único apoyo[1]. También puede haber una mesa pequeña que sirve como soporte de alguna bebida. En España, este género comenzó a explotarse hacia 1999, como una adaptación del americano y ha sido emitido a lo largo de su historia por diversas televisiones de ámbito nacional, como La 2, Tele 5 o La Sexta. En los últimos tiempos se ha generalizado a cadenas privadas como *Paramount Comedy,* que destaca por programas donde participan nuevos cómicos. También resulta habitual encontrar locales nocturnos en diversas ciudades españolas que ofrecen monólogos como reclamo de la clientela.

Como anunciábamos anteriormente, nos preocupamos, en primer lugar, por los rasgos que presenta el monólogo de humor. Siguiendo un desarrollo similar al propuesto por Briz (en prensa), diferenciamos entre el marco espacial, los participantes en la interacción, la relación que los une y los rasgos del registro.

En cuanto al marco espacial, se trata de una escenificación que, habitualmente, se lleva a cabo en un teatro. El escenario es reducido y cuenta con una iluminación directa que enfoca al mo-

---

[1] El Club de la Comedia "se suele ver en clubs nocturnos y cafés, donde el cómico, subido a un pequeño estrado, sentado en un taburete y con un micrófono en la mano, hace reír al público con un humor basado en el lenguaje y la gestualidad. Tradicionalmente, una noche en un club de comedia cuenta con la actuación de tres cómicos, que interpretan un monólogo cada uno, de unos diez, veinte y cincuenta minutos de duración respectivamente. Empieza el menos popular y acaba la estrella de la noche, el *headliner*. También es bastante frecuente ver actuaciones de este tipo en diferentes programas, o en espacios de televisión especializados en este género" (Información extraída de <http://www.taringa.net/posts/humor/1177895/Monologos-de-Agustin-Jimenez,-Luis-Piedrahita,–y-Enrique-Sa.html>).

nologuista. Este viste frecuentemente con colores discretos como negro, blanco o marrón. Desarrolla un monólogo, en principio, de duración breve (entre 5 y 10 minutos[2]). En ciertos casos, puede estar acompañado de una orquesta que toca ciertas piezas en directo.

Por lo que afecta a los participantes, se trata de un género *de persona a audiencia* (Casalmiglia y Tusón, 1999: 39), por lo que supone un discurso ±monológico como una conferencia, una charla o una clase. De este modo, el monologuista se dirige, por un lado, al público presente en la sala y, por otro, a la audiencia televisiva. En el primer caso, se trata de una interacción directa, ya que está atento a sus reacciones (risas, aplausos); en el segundo, hablamos de una interacción indirecta o mediática. Habitualmente, la intervención del monologuista es interrumpida por las risas y los aplausos del público. Normalmente, el monologuista no responde a tales reacciones, aunque en ciertos casos puede llevar a cabo una intervención para dar las gracias o puede reaccionar de modo no verbal (miradas de asombro, etc.). Como consecuencia y atendiendo a las unidades de la conversación, el monólogo de humor tiene la estructura de una secuencia de historia: intervenciones largas de un participante que es reconocido como hablante, e intervenciones breves por parte del público, habitualmente no verbales (risas o aplausos), que manifiestan que el humor ha causado el efecto que perseguía.

El registro empleado, por otro lado, es oral, aunque un buen monologuista ha ensayado el texto para lograr su objetivo principal, causar risa. Por tanto, siguiendo la tipología de Gregory y Carroll (1986), podemos hablar de un texto oral no espontáneo para ser dicho como si no estuviera escrito. De acuerdo con la técnica y la pericia del participante en el escenario, el monólogo se despegará más o menos del texto escrito que le sirve de base y que ha sido escrito previamente por un guionista. Por lo tanto, es planificado, aunque la inmediatez y el encontrarse cara a cara con el público conlleva una mayor o menor planificación sobre la marcha. El fin que persigue es, como consecuencia, interpersonal, pues se espera causar risa. El tono elegido es, por lo común, informal, lo que tiñe todo el registro de muchos de los rasgos propios de lo coloquial (léxico informal o de argot, fraseología, etc.). El participante desa-

---

[2] No obstante, dada la idiosincrasia de la función teatral y del programa televisivo que la sustenta, pueden darse monólogos más extensos de hasta 50 minutos.

rrolla un discurso acerca de un tema de actualidad o un tema que es conocido por una misma sociedad. El hecho de que esté dirigido a un público conlleva cierto dinamismo en su desarrollo, por lo que en ciertos momentos puede ser -planificado, +retroalimentado y +dinámico. La Figura 6 resume los aspectos observados:

MONÓLOGO HUMORÍSTICO

<u>Género de persona a audiencia</u>
MARCO ESPACIAL

Escenario
Monologuista, de pie
Iluminación directa
Vestimenta neutra
(Orquesta al fondo)
Duración breve
Estructura de secuencia de historia

PARTICIPANTES

±monológico
1. De persona a público (interacción directa)
2. De persona a audiencia (interacción indirecta)

REGISTRO

Oral no espontáneo para ser dicho como si no estuviera escrito
+planificado   /   -planificado
-retroalimentado   /   +retroalimentado
-dinámico   /   +dinámico
          inmediato
          cara a cara
          fin interpersonal
          tono informal
          tema no especializado

Figura 6: Marco espacial, participantes y registro en el monólogo humorístico

5.3. LA NARRACIÓN AL SERVICIO DEL HUMOR

Como hemos visto, el monólogo se desarrolla como una secuencia de historia, como una historia. En este sentido, cabe señalar que el monólogo humorístico tiene la estructura de un monólogo y el monólogo es, básicamente, una narración. Sobre esta asunción desarrollamos este epígrafe.

En un monólogo humorístico se cuenta una historia que se guía por las técnicas habituales de la narración. Aunque Castellón (2008) considera que se dan cita todos los tipos de textos, creemos que es la narración la que ocupa la secuencia narrativa principal. Ya que se trata de una narración previamente planificada, emplea los aspectos básicos de la secuencia narrativa para lograr un fin concreto, divertir a la audiencia. Seguimos los aspectos enunciados por Marimón (2006: 18) a la hora de describir los elementos definitorios de la secuencia narrativa, con el propósito de determinar si nos hallamos ante una secuencia de este tipo. Para hacerlo, nos apoyamos en un monólogo, clásico ya, el de Miguel Gila sobre su vida que, aunque no respeta algunos aspectos externos de la *Standup Comedy*, ilustra a la perfección cómo se desarrolla una secuencia narrativa con humor. Lo transcribimos a continuación y empleamos para ello las claves utilizadas por el grupo Val.Es.Co[3]. Siguiendo el análisis propuesto en § 5.2. se marcan las intervenciones del público con sus risas. Ha sido transcrito desde *Youtube* y tiene una duración de 5 minutos y 36 segundos:

> (28) Gila: esta es la historia de mi vida que se la voy a contar a ustedes porque hay una generación// que no la conoce/ algunos la conocen bien↓ otroos mal↓ otros poco↓ otros nadaa/ la historia de mi vida que conté en aquella época que es la misma de ahora es la siguiente↓ resulta que yo tenía que naceer en- en invierno/ pero no me hab- no me habían comprao el abrigo y- y dije *me- me espero*↑ *y nazco en el verano/ con el calorcito/* y me esperé seis meses y nací↓ sorpresivamente/ en mi casa ya ni me esperaban
> Público: (RISAS)
> Gila: y mi madre había salido a pedir perejil a una vecina/ así que nací sooo/ y bajé a decírselo a la portera↓ le dije *señora Julia* ↓ *soy niño*
> Público: (RISAS)
> Gila: y dijo la portera *bueno ¿y qué?*
> Público: (RISAS)
> Gila: *no↓ que he nacido↓ no está mi madre en casa↓/ a ver quién me da de mamar*
> Público: (RISAS)
> Gila: y me dio de mamar la portera/ poco/ porque estaba la pobre yaa que ni pa un cortao

---

[3] Las claves de transcripción empleadas por Val.Es.Co. pueden consultarse en Briz y grupo Val.Es.Co. (2002: 29-31), así como en la dirección: <http://www.valesco.es/sistema.pdf>.

Público: (RISAS)
Gila: porque de joven había sido nodriza// y había dao de mamar a once niños/ y a un sargento de caballería que luego ni se casó con ella ni nada/ un desagradecido
Público: (RISAS)
Gila: además me enteré y era un tragón/ mojaba ensaimadas
Público: (RISAS)
Gila: bueno/ fui a mi casa↑/ me senté en una silla que teníamos pa cuando nacíamos y cuando vino mi mamá salí a abrir la puerta y le dije mamá↓ *he nacido*
Público: (RISAS)
Gila: y dijo mi madre *que sea la última vez que naces solo*
Público: (RISAS MÁS FUERTES)
Gila: luego le escribimos una carta a mi papá que trabajaba de tambor en la orquesta sinfónica de Londres↑/ y vino corriendo/ se puso tan contento→ porque claro hacía más de dos años que no venía por casa
Público: (RISAS)
Gila: y dijo *ahora sí que hay que trabajar/* porque ya éramos muchos/ éramos nueve hermanos/ mi papá/ mi mamá y un señor de marrón que no- que no le conocíamos que estaba- que estaba siempre en el pasillo
Público: (RISAS)
Gila: le vendimos el tambor a unos vecinos que eran pobres y no tenían radio y con lo que nos dieron por el tambor↑/ en lugar de gastárnoslo en champán y en marijuana y eso lo echamos a una rifa y nos tocó una vaca// nos dieron a elegir/ la vaca o doce pastillas de jabón/ y dijo mi padre *la vaca que es más gorda*
Público: (RISAS)
Gila: y mi madre→ *tú con tal de no lavarte lo que sea/* y llevamos la vaca a casa y le pusimos de nombre Matilde en memoria de una tía mía/ que se había muerto de una tontería// mi tía se murió porque tenía un padrastro/ empezó a tirar y se peló toda
Público: (RISAS)
Gila: pusimos la vaca en el balcón pa que tuviera fresca la leche/ y se conoce que tenía un cuerno flojo/ se le cayó a la calle/ le dio a un señor de luto/ y subió muy enfadao con el cuerno en la mano// y cuando salió mi padre a abrir la puerta dijo el de luto *¿es de usted este cuerno?*
Público: (RISAS)
Gila: y dijo mi padre *¿¡YO QUÉ SE!?* porque mi padre era muy despreocupao↓ bueno// total que el del cuernazo se murió// y a mi papá lo metieron preso por cuernicidio
Público: (RISAS)
Gila: y- y se escapó un domingo por la tarde que estaba lloviendo y no había taxis y dijo *estoy libre* y se subieron dos encima y dijeron *llévame a los toros*

Público: (RISAS)
Gila: bueno y ahí murió↓ en el tumulto/// entonces como éramos muy POBRES mi madre fue- lo que hizo fue ir abandonándonos por los portales/ y a mí me dejó en el portal de unos marqueses↑/ RIQUÍSIMOS/ tenían corbatas/ tenían sopa/ de todo/ por la mañana salió el marqués/ me preguntó cómo me llamaba/ *como soy pobre↑ Pedrito*
Público: (RISAS)
Gila: y dijo *desde hoy te vas a llamar Luis Enrique Carlos Jorge Alfredo*
Público: (RISAS)
Gila: y luego me llamaba Chuchi pa abreviar
Público: (RISAS)
Gila: y quería que estudiara el bachillerato pa saber dónde estaban los ríos/ las montañas y todo eso↓ pero a mí no me gustaba estudiar/ así me escapé y me coloqué de ladrón en una banda/ peroo/ lo tuve que dejar porque me puse enfermo y todo lo que robaba lo devolvía/ tenía ((una cosa en el estómago))
Público: (RISAS)
Gila: entonces me fui a trabajar con un fotógrafo↑ buenísimo/ sacaba muy favorecido/ retrataba un pordiosero y en la foto le salía un ingeniero con los ojos verdes que daba gloria/ y un día me equivoqué ↓ puse dinamita en lugar de magnesio que se usaba entonces/ y maté una boda
Público: (RISAS)
Gila: quedó un invitado pero torcido o sea- o sea una mierda de invitao que parecía ni invitao ni nada y me despidieron/ y fui a Londres y me coloqué de agente en Scotland Yard/// yo descubrí lo del asesino ese famoso/ que lo habrán oído nombrar/ el Jack el destripador/ se lo voy a contar↓ nunca lo he contado por modestia pero se lo voy a contar↓ resulta que la cosa fue así/apareció un hombre en la calle como dormido ¿no?// pero como hacía más de un mes que estaba allí↑
Público: (RISAS)
Gila: dijo el sargento *no sé↓ peroo mucho sueño pa un adulto*
Público: (RISAS)
Gila: entonces llamamos al forense quee ni era médico ni nada↓ tenía un Ford y le llamábamos el forense
Público: (RISAS)
Gila: y vino corriendo ↓ se acercó ↓ le dio seis patadas al tumbao/ en los riñones y dijo *una de dos ↓ o está muerto o lo que aguanta el bestia este*
Público: (RISAS)
Gila: y estaba muerto y vino Sherlock Holmes y dijo *ha sido Jack el destripador*/ y dijimos ¿*por qué lo sabe?* y dijo *porque soy Sherlock Holmes y a callar todo el mundo*
Público: (RISAS FUERTES)
Gila: me enteré dónde se hospedaba Jack el destripador/ me fui al mismo hotel// y como a mí no me gusta la violencia le detuve con

indirectas/ nos cruzábamos en el pasillo y yo decía *alguien ha matao a alguien*
Público: (RISAS)
Gila: *y no me gusta señalar*
Público: (RISAS)
Gila: después me lo encontraba en el baño y decía *alguien es un asesinoo/* y se ponía colorao colorao colorao/ y a los quince días dijo *no puedo más↓ se lo confieso//* y lo de Londres lo dejé porque como hay mucha niebla/ había que hacer la ronda palpando y- y me pegaba unos golpazos contra las puertas que- que me iba a matar y lo dejé y me dediqué a esto[4]
(*Youtube*, 26 de septiembre de 2006. Fecha de consulta, agosto de 2010).

En primer lugar, hay una sucesión de acontecimientos que transcurren y avanzan en el tiempo, desde el nacimiento de Gila hasta que se convierte en humorista. En segundo lugar, la acción gira en torno al propio Gila, narrador y personaje de la historia autobiográfica. En tercer lugar, el estado inicial evoluciona y se transforma gracias al tiempo y a los acontecimientos. En cuarto lugar, se da un proceso de la situación inicial (el nacimiento) al nudo de la historia (Gila, sus hermanos, su madre, su padre y el señor de marrón; el abandono de los hijos debido a la pobreza; los estudios y los diversos trabajos de Gila) y finalmente a su desenlace ("ahora me dedico a llamar por teléfono"). En quinto lugar, se establece una relación entre los acontecimientos que se van sucediendo y que en este caso permiten ver ante nuestros ojos la progresión del personaje. Por último, se presenta una moraleja implícita (el personaje tuvo que dejar los trabajos anteriores y ahora se dedica a ser humorista). Así se representa en la Figura 7:

---

[4] Coge el teléfono para hacer una llamada.

Narración	
Acontecimientos	nacimiento-adopción-trabajos
Actor-sujeto	Gila
Transformación	
Proceso	
(introducción-	nacimiento
nudo-	hermanos-familia-adopción-trabajo de ladrón, fotógrafo, en Scotland Yard
desenlace)	trabajo de humorista
Causalidad	unos acontecimientos dan como resultado los siguientes
Evaluación (implícita)	*Este es el trabajo que mejor sé hacer*

Figura 7: Estructura de la secuencia narrativa del monólogo *Historia de mi vida* de Miguel Gila

Como intentaremos mostrar más abajo, esta estructura, propia de la narración, es la que facilita que se inserten en ella los enunciados humorísticos que convierten el texto en lo que es, una estrategia para divertir.

Dentro de las técnicas narrativas se elige el punto de vista de un narrador en primera persona. Sobre esta base se construye un monólogo, que se define como "diálogo interiorizado en el cual el yo locutor es a menudo el único que habla; sin embargo, el yo receptor permanece presente; su presencia es necesaria y suficiente para dar significado a la enunciación del yo" (Pavis, 1996: 139) (apud Vela, 2008).

Conviene considerar aquí que la construcción de ese yo locutor y de su *partenaire*, el yo alocutor, es un proceso discursivo de carácter dinámico, en el que el monologuista pone en marcha las técnicas retóricas clásicas. De acuerdo con Greenbaum (1999), la *stand-up Comedy* y la narrativa cómica se apoyan en la retórica con el fin de persuadir a la audiencia a adoptar cierta posición ideológica[5]. Para ello se apoya en los principios de Aristóteles y de los socráticos: el

---

[5] La autora ha llevado a cabo una investigación etnográfica a lo largo de un año sobre la cultura cómica en Tampa (Florida), lo que le ha permitido analizar a seis humoristas que ofrecen espectáculos televisivos y actúan en teatros a lo largo de todo el país: Killer Beaz, Blake Clark, Margaret Smith, Diane Ford, Etta May y David Gray.

humorista utiliza el *ethos*, o *talante*, para desarrollar y mantener la autoridad cómica y hacerla fiable y creíble; emplea el *kairos*, u *oportunidad*, para hacer o decir algo en el momento adecuado. Buenafuente, por ejemplo, utiliza el *kairos* cuando da las buenas noches antes de comenzar su monólogo (*Buenas noches desde Barcelona*) o saluda a los asistentes al plató, venidos de todos los lugares de España. Además los humoristas construyen su discurso cómico apoyándose en elementos de la tradición retórica, entre los que destaca el talento natural, la *praxis* y la *teoría*, y usan estas estrategias discursivas para acotar el espacio narrativo entre ellos y la audiencia a la que esperan persuadir. Así, los humoristas construyen una autoridad cómica, una persona, que invita a la audiencia a responder a la conversación por medio de la risa. Es importante que el monologuista cuente con una buena aptitud natural, además de con una buena preparación, que lo conviertan en un buen orador. Por otro lado, si el público no es receptivo al humor, no se logra el objetivo; por eso hay que ganárselo. Además, el estilo dialógico que se emplea va construyendo el *ethos* (por ejemplo, preguntando cuánta gente hay en la sala de un determinado barrio, implicando al público para que respondan algo, etc.). Pero para Greenbaum (1999) no es suficiente con la creación de un *ethos* por medio de un estilo dialógico; el humorista debe estar preparado para hacer su discurso oportuno y encontrar en cada caso las necesidades de la audiencia, en concreto, debe ser capaz de resaltar su autoridad cómica y mantener el control de la sala. Todo lo visto hasta aquí lo representamos en la Figura 8:

Narración	Monólogo	Monólogo humorístico
Acontecimientos	Diálogo interiorizado	ethos
Actor-sujeto	(Del monólogo	kairos
Transformación	a la interacción) ⟹	talento natural
Proceso		theoria
(introducción-		praxis
nudo-		
desenlace)		
Causalidad		
Evaluación		

Figura 8: Relaciones entre la narración, el monólogo y el monólogo humorístico

EL HUMOR AUDIOVISUAL: EL MONÓLOGO

Profundizando en estos aspectos retóricos, Castellón (2008: 427), que sigue a Perelman y Olbrechts-Tyteca (1989), considera que el monólogo se localiza dentro del género epidíctico:

> (...) se daba con un orador solitario, que se contentaba, a diferencia de los debates públicos y judiciales, con hacer circular su composición, sobre temas de los que no sacaba ninguna consecuencia práctica; los oyentes solo desempeñaban el papel de espectadores y, tras haber escuchado al orador, no tenían más que aplaudir e irse.

Así, el género epidíptico elogia o censura lo noble o lo vergonzoso. Si el monólogo de humor pertenece al género epidíctico, la censura o el elogio pretenden divertir a la audiencia. Asimismo, Castellón (2008) opina que, cuando se da un fragmento narrativo, los monólogos humorísticos suelen prescindir de algunas de las partes de la narración oral descritas por Silva Corvalán (1987)[6]; ahora bien, no pueden faltar la presentación de la historia o anécdota, la complicación, la evaluación y la coda.

Con tales datos, podemos mejorar la Figura 8, con el fin de disponer de un modelo de análisis discursivo de los monólogos humorísticos:

Narración	Monólogo	Monólogo humorístico
Presentación	Diálogo interiorizado	ethos
Complicación-	(Del monólogo	kairos
Nudo	a la interacción)	talento natural
Evaluación		theoria
Coda		praxis

Figura 9: Adaptación de las partes de la narración al monólogo humorístico

Apoyándonos en tales parámetros estructurales, analizamos a continuación el discurso escrito de uno de los monólogos de *El Club de la Comedia contraataca* (2002), titulado *Cuando te van a casar* (págs. 81-83):

---

[6] La autora considera que las partes de la narración oral son el resumen, aunque resulta poco frecuente en estas manifestaciones, la orientación, la complicación de la acción, la evaluación, el resultado o resolución y la coda (Silva Corvalán, 1987: 267).

(29) Cuando te van a casar

PRESENTACIÓN El mes que viene tengo que ir a una boda y me da una pereza... Pero es el típico compromiso del que no me puedo escaquear, porque soy la novia.

Aunque mira, si no voy... tampoco pasa nada. Porque yo soy la novia, pero por lo visto la que se casa es mi madre. Lo está eligiendo ella todo... La fecha, la iglesia, el cura, el peinado, el vestido... Dice que para una cosa que me ha dejado elegir a mí, que me he lucido. ¡Sólo eso faltaba, que eligiera ella el novio...!

Pobre Paco, con lo bueno que es... Aunque últimamente lo mataría... Ha sido decidir casarnos y estamos a bronca diaria. Antes... antes era maravilloso. Parecíamos un vídeo de karaoke. Bebíamos las Coca-Colas entrelazadas, corríamos por el parque a cámara lenta... Hasta hacíamos eso de perseguirnos alrededor de un tronco, asomándonos uno por cada lado, ¡una coordinación...! Si lo pillo ahora, le salgo por su lado y le meto un cabezazo...

COMPLICACIÓN NUDO ¿Pues no quería poner la lista de bodas en una tienda de discos? Bueno, ¿y para elegir la fecha?
-Mira, cariño, había pensado que el 14 de abril, que es doming...
-Ah, no, no, que el domingo hay fútbol. No me mires así, cielo, no es por mí, yo no soy tan infantil. Es que si hay fútbol, mis amigos no van y si no van mis amigos yo tampoco voy...

Por no hablar del día que fuimos a elegir el menú del banquete. Nos dice el tío:
-Miren, éste sale por diez mil pesetas.
-¿Sólo diez mil? ¿Con todos los que somos? Pues está muy bien.
-Cariño, diez mil el cubierto.
-¡Ah! ¿El cubierto? ¡Coño! Pues entonces la comida...

No, pero es que es para asustarse: te cobran por todo. Si hasta querían cobrarnos un suplemento por poner las fundas de las sillas a juego con el mantel. ¡Menudos mafiosos...! Me imagino que "el padrino" lo pondrán ellos.

Pero la bronca definitiva fue a la hora de hacer la lista de invitados. Porque, claro, se nos puso en un montón de gente. Y yo le dije:
-Mira Paco, hay demasiada gente, hay que quitar. Mira, yo tacho a mi tía de Murcia, y tú, a tus dos primas de Algete y tu tío el de Bilbao.
-Sí, claro, yo quito tres, y tú uno, ¡qué lista!
-Es que mi tía come por tres, así que tachamos a los cuatro y estamos en paz...
-Ahora entiendo por qué al que se va a casar lo llaman *novio*: no-vio, no vio lo que se le venía encima.

¡Montamos una! Ahí es cuando mi madre aprovechó para tomar las riendas. Y ahora está haciendo lo que le da la gana.

Pero es muy lista, porque consigue que se haga todo lo que ella quiere, por medio del chantaje emocional:
-Sí, hija, ya sé que a ti te gusta la parroquia de san Juan, pero si te casaras en san Saturnino... me harías tan feliz... Sí, ese vestido es precioso, pero si tuviera cola, y las mangas de encaje, me harías tan feliz...

Yo creo que las madres casan a sus hijas como les hubiera gustado casarse a ellas si sus madres las hubieran dejado...

EVALUACIÓN Y alguien tendrá que romper el círculo, digo yo.

Yo lo tengo muy claro, si algún día tengo una hija, va a hacer lo que ella quiera: se va a casar el 14 de abril que ella misma elija, en la parroquia de San Juan Bautista que a ella

Vemos cómo a la presentación (*tengo una boda que es la mía*) sigue la complicación o nudo, con dos tópicos principales: *mi madre se va a encargar de todo, las broncas con Paco a raíz de la boda*. Las evaluaciones se van sucediendo a lo largo del texto, aunque la más importante precede a la coda (*Yo creo que las madres casan a sus hijas como les hubiera gustado casarse a ellas*). Finalmente cierra la coda (*mi hija se casará como yo quiera*). Estos son los elementos estructurales representados en el guión de un monólogo. Veremos a continuación cómo se trasvasan estos en la puesta en escena.

5.4. Del guión escrito al monólogo en acción

El guión de un monólogo de humor está pensado para ser dramatizado. Puede decirse que dicho guión es un esqueleto de palabras a través del cual el monologuista desarrolla su *talante*, su *oportunidad* para adaptarse a las diversas circunstancias y al público, *su don natural* para desgranar los monólogos, y la *teoría* y la *práctica* que le facilita su formación y su aprendizaje (Greenbaum, 1999). Resulta interesante, en este sentido, las acertadas palabras de Berto Romero (2010: 12) al explicar lo que Andreu Buenafuente hace con los monólogos:

> Cada noche me siento en el sofá de invitados, justo detrás de la pared que él tiene a sus espaldas mientras *monologuea*, y le veo *juguetear con un texto* que cada día un equipo de esforzados y lúcidos guionistas le preparan y le construyen a medida. Se regodea y se revuelca con él, pone de su cosecha, lo sublima en palabras y lo transforma en risas. Lo convierte en algo único[7].

De hecho, las diferencias entre el guión y el texto dramatizado son evidentes; las bromas leídas no tienen el mismo efecto que las oralizadas; las marcas tipográficas escritas no suplen la función de las orales (de elementos no verbales como los gestos, o paraverbales, como las pausas, los alargamientos o la intensidad).

Vamos a intentar mostrar tales aspectos por medio de la comparación del guión y de la dramatización del mismo monólogo. El texto escrito procede de *El Club de la comedia contraataca* (publicado por Aguilar en 2002) y se titula "Los velatorios" (págs. 197-200):

---

[7] La cursiva es nuestra.

(30)

Los velatorios

Vengo de un velatorio. Se ha muerto el abuelo de un colega y le he acompañado al tanatorio. Y la verdad es que el tanatorio es un sitio curioso... Hay hasta bar, que, por cierto, tiene mucho ambiente, porque es el único que no cierra en toda la ciudad... Siempre hay gente que dice:
-¡Vamos a tomar la penúltima al *tana*!
Lo primero que te encuentras al llegar allí es un montón de coronas de flores... Que digo yo: ¿por qué le llamarán a eso *corona*? Yo no he visto nunca a un muerto con eso en la cabeza... Más que una corona parece un salvavidas, que hay que tener mala leche para regalarle a un muerto un salvavidas.

Y los mensajes que llevan, son para leerlos: "¡Tus nietos no te olvidan!"; "¡Tus compañeros de oficina no te olvidan!". Y tú piensas: "Pero, ¿a quién se lo dicen? ¿Al muerto...?". Los muertos no parecen muy aficionados a la lectura. Y además, ¿cómo que "no te olvidan"? ¡Pero hombre, si se acaba de morir! Como para olvidarse.

Yo creo que el bar es la clave del tanatorio. Porque, si no fuese por las copas que se toma el personal, no se entiende todo lo que pasa allí: para empezar, el negocio se llama ¡pompas fúnebres! ¿Qué falta de respeto es eso?... ¡Pompas fúnebres! Parece la marca de un champú para difuntos: "¡Pompas fúnebres, el champú que no irrita los ojos!".

Y después de lavarle la cabeza al muerto con el champú "Pompas fúnebres" nos vamos de marcha. De "marcha fúnebre"... ¿Marcha fúnebre? ¿Qué es eso? ¿Ir a mover el esqueleto?

Pero menos sentido todavía tienen las conversaciones de la gente. De repente llega un tío y dice:
-¡No somos nadie!
¿Pero cómo que no somos nadie? ¡No serás nadie tú, gilipollas! ¡Yo soy un tío de puta madre!
Y otro suelta:
-Hoy estamos aquí y mañana estamos allí.
Hombre, mira, eso es lo bueno de tener coche...
En los velatorios te das cuenta de que si quieres que hablen de ti, no hay nada como morirse. Si, por ejemplo tú eras un chorizo, la gente dirá:
-No tenía nada suyo...
Y si tenías muy mala leche:
-Parecía que se comía el mundo y luego no se comía a nadie...
Y aquí la cosa se anima y salta uno:
-Y hablando de comer, ¡cómo le gustaba el pollo! ¿Os acordáis de aquella vez que se comió cinco pollos de una sentada...?
Y otro:
-¿Y la vez que tiró un tabique con el hombro?
Que me van a perdonar, pero si se comía cinco pollos seguidos y tiraba tabiques con el hombro, lo raro es que no se hubiera muerto antes.
Y con estas anécdotas del muerto a la gente le da la risa floja, y de repente uno dice:
-Aaaaaaay... si no nos reímos, ¿qué vamos a hacer?
¡Pues llorar, cojones, que para eso estáis en un velatorio!
Y entonces se crea un silencio incómodo, hasta que a alguien se le ocurre algo original que decir...
-Pues mira, ya ha dejado de fumar...
Bueno sí... el muerto ha dejado de fumar, pero los demás no paran... Que se forma allí un ambiente que sólo falta que salga Michael Jackson bailando el *Thriller*... Yo creo que en vez de ponerle velas al ataúd se deberían poner faros antiniebla... ¡Es que es muy fuerte! Los muertos se van al otro barrio ahumados, como los salmones. Vamos, que si llegas tarde piensas: "¡Coño, que los familiares ya lo están incinerando por su cuenta!".

Pero a mí las frases que más me impresionan son las que se dicen en el pésame: "¡Te acompaño en el sentimiento...!". O esa otra que dice: "Ha pasado a mejor vida", que en eso sí que tiene razón... porque toda la vida con muebles de aglomerado de Ikea, y cuando te mueres te meten en un ataúd de roble macizo... Y a lo mejor te has pasado la vida conduciendo un Talbot Samba y ahora te vas al otro barrio en un Mercedes de puta

El texto audiovisual es la dramatización que corre a cargo de Enrique San Francisco, que escenifica dicho texto en un teatro ante un público directo, allí presente, y ante la audiencia televisiva que lo sigue. Ha sido transcrito desde *Youtube*, atendiendo al sistema de transcripción del grupo Val.Es.Co. y tiene una duración de 5 minutos y 18 segundos:

> (31) ENRIQUE: buenas noches/vengo de un velatorio/se ha muerto el abuelo de un colega y le he acompañado al tanatorio /se fue todo el mundo/ que cuando ya de pronto pasa un funcionario y me dice *¿qué?// usted se queda ya aquí ¿no?* /yo por darle la razón a todo el mundo me quedé/ y el tanatorioo/ esta lleno↑/ de contradicciones también/// nada más entrar ves un montón de CORONAS de flores/ que no sé por qué coño le llaman a eso/corona// yo no he visto en mi puta vida a un muerto con eso en la cabeza
> Público: (RISAS)
> 5"
> ENRIQUE: las- las frases ee- lo de las coronas- las frases que pone son de verdad↑/ dignas de leerlas ¿no?// tus nietos no te olvidan/ tus compañeros de trabajo no te olvidan/ pero hombre ¡si se acaba de morir!
> Público: (RISAS)
> 6"
> ENRIQUE: ¿cómo coño te van a olvidar/ bueno/voy a coger otro traguito de cerveza
> Público: (RISAS)
> 5"
> ENRIQUE: ¿cómo se puede llamar a un negocio POMPAS fúnebres/ eso es una falta de respeto ¡joder!
> Público: (RISAS)
> 2"
> ENRIQUE: claro
> Público: (APLAUSOS)
> ENRIQUE: suena
> Público: (APLAUSOS)
> ENRIQUE: suena comoo no lo sé/como uun un título- un nombre↓ champú para difuntos/ imagínese el anun- el anuncio ¿no?// CHAMPÚ↑/ pompas fúnebres
> Público: (RISAS)
> ENRIQUE: el que no IRRITA los ojos
> Público: (RISAS)
> ENRIQUE: solo me falta imaginarme ahí/ a los dos chavales currando ¿no? / limpiando el último diciendo *bueno este↑ que es el último ¿no?*/ lavándole ¡hala! veng- *y ahora nos vamos DE MARCHA*///(2") de marcha fúnebre
> Público: (RISAS)
> ENRIQUE: lo que me falta por oír es que se van a mover el esqueleto

Público: (RISAS)
2"
ENRIQUE: menos sentido tienen las conversaciones ¿no? tú estás ahíi/ se acerca uno/// *no somos nadie*
Público: (RISAS)
3"
ENRIQUE: tú piensas/ *no serás nadie tú↓ gilipollas*
Público: (RISAS)
Público: (APLAUSOS)
5"
ENRIQUE: yo soy un tío de puta madre
Público: (RISAS)
2"
ENRIQUE: ootro/ *hoy estamos aquí/mañana allí*
Público: (RISAS)
ENRIQUE:¡hombre!/eso es la ventaja de tener coche
Público: (RISAS)
Público: (APLAUSOS) 4"
ENRIQUE: no hay nada más cojonudo que morirse para que hablen bien de ti/ ¿eh?// si por ejemplo/ has sido ludópata dirán/ *hay que ver/no tenía nada suyo*
Público: (RISAS)
4"
ENRIQUE: si tenías unn/muy mala leche↑// *parecía que se iba a comer el mundo/ y luego no se comía nada*// y salta uno/ *¡jo! ¡y cómo le gustaba el pollo!*
Público: (RISAS)
3"
ENRIQUE: os acordáis cuando se comió TRECE pollos de una tirada→/ ¿te acuerdas cariño/ estábamos haciendo la obra y tiró un tabique con el hombro?/ te quedas acojonao dices ¡hombre! *si se comió trece pollos de una tirada y- y tiró un tabique con un hombro lo- lo que no entiendo es como no se ha muerto antes*
Público: (RISAS)
3"
ENRIQUE: ahí es cuandoo/ a través de las bromas- referente al difunto entra la risa floja/ y se acerca alguien y dice *humm*
Público: (RISAS)
ENRIQUE: *si no nos vamos a reír→/ si no nos reímos ¿¡qué vamos a hacer!?*
Público: (RISAS)
ENRIQUE: dices tú/ *pues llorar señora ¡cojones!/ que aquí hemos venido a llorar*
Público: (RISAS)
Público: (APLAUSOS)
6"
ENRIQUE: muchas gracias

Público: (APLAUSOS)
3"
ENRIQUE: luego siempre hay alguien que ya/utiliza un chiste que no lo has oído nunca ¿no? *este ya ha dejado de fumar*
Público: (RISAS)
ENRIQUE: dices/¡joder!/ *será el muerto/ porque vosotros no paráis*
Público: (RISAS)
ENRIQUE: si parece el thriller de Michael Jackson↓ o sea yo creo que el ataúd en vez de velas lo que debería llevar es faros antiniebla
Público: (RISAS)
4"
ENRIQUE: nos vamos al otro barrio como los salmones/ ahumados
Público: (RISAS)
ENRIQUE: vamos/ que si llegas tarde piensas/ *como ya está soltando el humo/ coño daros prisa/ que los familiares soon capaces de incinerarlo sin nosotros*
Público: (RISAS)
3"
ENRIQUE: a mí las frases que má- más me impresionan son las de pésame/ *ya ha pasado a mejor vida*↓ eso es cierto ¿eh? porque toda la vida rodeao de muebles de Ikea↑/ y con un Talbot Samba↑/ y de pronto te vas al otro barrio en- pues ¡joder! en un- en un ataúd de- de roble macizo y con un Mercedes cojonudo y chófer
Público: (RISAS)
ENRIQUE: el Mercedes que es uno de los coches↑/ dicen más seg- más seguro que hay/ a buenas horas
Público: (RISAS)
(*Youtube*, 2 de junio de 2006. Fecha de consulta, agosto de 2010).

El primer hecho que cabe destacar es que el monólogo en papel está pensado para ser leído; en cambio, el monólogo en acción, para ser dicho, para ser escuchado y para ser visto. Ello ocasiona que el monólogo en acción se transforme en una interacción en la que el público adquiere una clara función comunicativa; responde a las intervenciones del monologuista con risas o con aplausos que el monologuista respeta y a los que, en ocasiones, responde. En consecuencia, desencadena unas repercusiones sobre el registro que pasamos a enunciar:

- Aunque el guión está planificado, el monólogo en acción está sujeto a factores como la relación con elementos externos como la orquesta y otros medios físicos de la escenografía (vaso, cenicero, taburete). También a otros como la buena memoria del humorista y la *oportunidad* que lleva a cabo el día de la función, en la que cabe tener en cuenta el tipo de público y la predisposición del monologuista. Por lo tanto, factores como el *ethos*, el *kairos* y el talento natural que mencionaba Greenbaum (1999) son esenciales para llevar a buen término el discurso humorístico.

- El guión no presenta retroalimentación; hay alusiones al público[8] y, aunque calcula el efecto humorístico que causará determinada broma o chiste sobre la audiencia, no se retroalimenta de las reacciones del público, cosa que aprovecha hasta el extremo el monólogo en acción.
- En cuanto al dinamismo conversacional, está ausente en el guión, texto propiamente monológico, pero puede aparecer en el monólogo en acción, pues el monologuista le adjudica el papel de hablante al público cuando responde a sus intervenciones no verbales (risas y aplausos), con frases como *Muchas gracias*.
- La situación comunicativa en la que se desarrolla el guión escrito no tiene en cuenta la presencia aquí y ahora del escritor y su destinatario. Se desarrolla, por tanto, como cualquier cuento o novela. En cambio, el monólogo en acción es inmediato con el público que se halla en el teatro, y no inmediato con la audiencia, que ve en directo o en diferido la representación.
- El guión publicado está pensado para un lector que disfruta en privado del texto; el monólogo en acción solo se entiende cara a cara ante un público (directo) y ante una audiencia (indirecta) que lo sigue.

El resto de rasgos del registro que mencionábamos en § 5.2. (fin interpersonal, tono informal, tema no especializado) se mantienen en ambas manifestaciones: su finalidad es divertir; se ha construido en un tono preferentemente informal que recuerda al registro coloquial y el tema no es especializado, por lo que a menudo se recurre a anécdotas conocidas por todos. En suma, los rasgos de planificación, retroalimentación y dinamismo son los más variables en el monólogo dramatizado y los que se manifiestan de forma más dinámica en la dramatización, como muestra la figura 10:

---

[8] En el texto que nos ocupa no las hay, pero en otros aparecen referencias deícticas explícitas como *Viniendo para acá me he cruzado con la Guardia Civil de tráfico* (*La Guardia Civil*) o *¿No echan de menos cuando en su barrio había cinco videoclubs?* (*El videoclub*), monólogos publicados en ECC y ECCC.

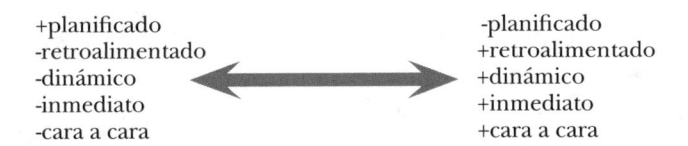

```
+planificado          -planificado
-retroalimentado      +retroalimentado
-dinámico      ⟵⟶    +dinámico
-inmediato            +inmediato
-cara a cara          +cara a cara
```

Figura 10: Diferencias de registro entre el guión escrito y el monólogo en acción

Una vez establecidas las diferencias de registro, cabe plantearse cuáles son los aspectos textuales que los diferencian. En primer lugar, vamos a comparar los tópicos y subtópicos que se desarrollan en el guión escrito y en el monólogo en acción. Colocamos primero los tópicos principales, que se corresponden con proposiciones narrativas (Adam y Lorda, 1999, de acuerdo con la esquematización de Marimón, 2006) adscritas a la presentación, la complicación o nudo de la historia, a la evaluación y a la coda. Colocamos sangrados los subtópicos que dependen de dichos tópicos principales. Dichas proposiciones se resumen de forma breve en la Figura 11. Se indican con puntos suspensivos aquellos tópicos que han desaparecido del monólogo dramatizado y en versales los subtópicos que han pasado a funcionar como tópicos.

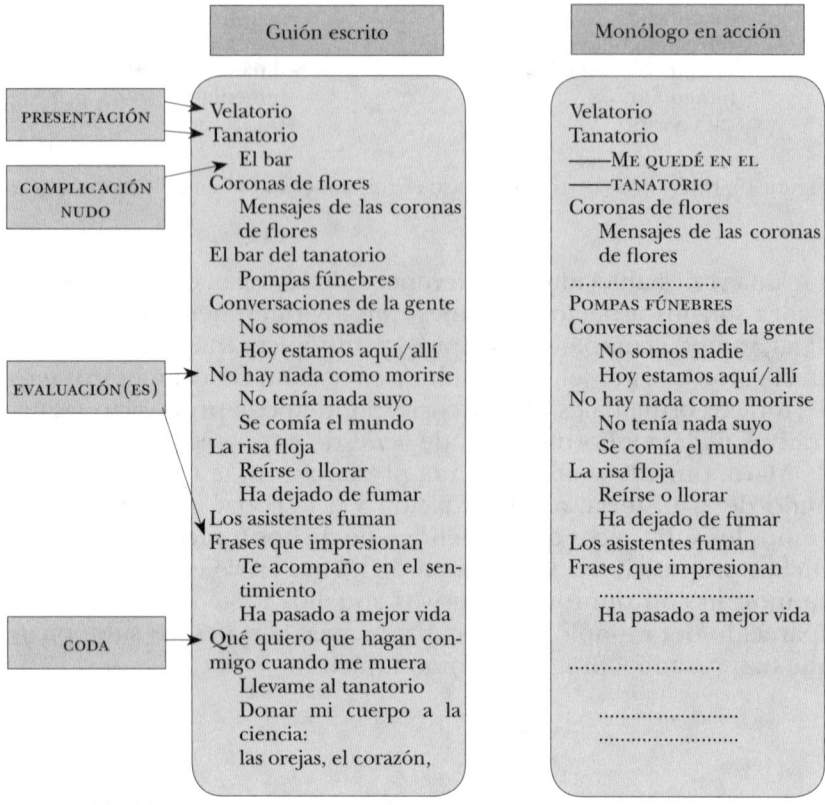

	Guión escrito	Monólogo en acción
PRESENTACIÓN	Velatorio Tanatorio	Velatorio Tanatorio ——Me quedé en el ——tanatorio

COMPLICACIÓN
NUDO
	El bar
	Coronas de flores
	  Mensajes de las coronas
	  de flores
	El bar del tanatorio
	Pompas fúnebres
	Conversaciones de la gente
	  No somos nadie
	  Hoy estamos aquí/allí
		Coronas de flores
		  Mensajes de las coronas
		  de flores
		....
		Pompas fúnebres
		Conversaciones de la gente
		  No somos nadie
		  Hoy estamos aquí/allí

EVALUACIÓN(ES)	No hay nada como morirse
	  No tenía nada suyo
	  Se comía el mundo
	La risa floja
	  Reírse o llorar
	  Ha dejado de fumar
	Los asistentes fuman
	Frases que impresionan
	  Te acompaño en el sentimiento
	  Ha pasado a mejor vida
		No hay nada como morirse
		  No tenía nada suyo
		  Se comía el mundo
		La risa floja
		  Reírse o llorar
		  Ha dejado de fumar
		Los asistentes fuman
		Frases que impresionan
		....
		  Ha pasado a mejor vida

CODA	Qué quiero que hagan conmigo cuando me muera
	  Llevame al tanatorio
	  Donar mi cuerpo a la ciencia:
	  las orejas, el corazón,
		....
		....
		....

Figura 11: Tópicos y subtópicos en el guión escrito y en el monólogo en acción

A partir de las diferencias de construcción observadas, el monólogo en acción aprovecha los diversos recursos de planificación y espontaneidad que le proporciona la situación oral[9]. Así, se observan diferencias básicas en cuanto a la formulación de los enunciados y al empleo de los elementos paralingüísticos. Se ilustran algunas de las diferencias de formulación en la Figura 12. Obsérvese cómo el monólogo dramatizado muestra una menor planificación, aunque respeta las frases o palabras clave, sin las cuales no es posible generar humor, ya que muchas de ellas son *ganchos* o *remates humorísticos*:

---

[9] Obsérvese, no obstante, que el guión representa con marcas tipográficas la entonación o la intensidad del oral. Para ello hace un uso abusivo de comillas y signos de exclamación e interrogación.

EL HUMOR AUDIOVISUAL: EL MONÓLOGO

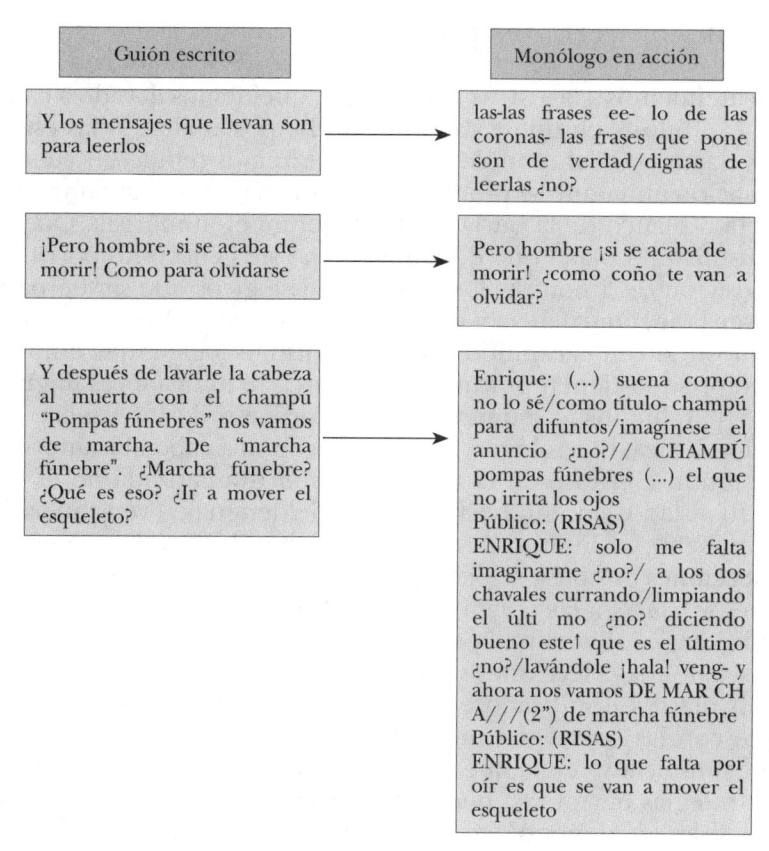

Guión escrito	Monólogo en acción
Y los mensajes que llevan son para leerlos	las-las frases ee- lo de las coronas- las frases que pone son de verdad/dignas de leerlas ¿no?
¡Pero hombre, si se acaba de morir! Como para olvidarse	Pero hombre ¡si se acaba de morir! ¿como coño te van a olvidar?
Y después de lavarle la cabeza al muerto con el champú "Pompas fúnebres" nos vamos de marcha. De "marcha fúnebre". ¿Marcha fúnebre? ¿Qué es eso? ¿Ir a mover el esqueleto?	Enrique: (...) suena comoo no lo sé/como título- champú para difuntos/imagínese el anuncio ¿no?// CHAMPÚ pompas fúnebres (...) el que no irrita los ojos Público: (RISAS) ENRIQUE: solo me falta imaginarme ¿no?/ a los dos chavales currando/limpiando el últi mo ¿no? diciendo bueno estel que es el último ¿no?/lavándole ¡hala! veng- y ahora nos vamos DE MAR CH A///(2") de marcha fúnebre Público: (RISAS) ENRIQUE: lo que falta por oír es que se van a mover el esqueleto

Figura 12: Diferencias de formulación entre el guión escrito y el monólogo en acción

Nótese cómo en el monólogo dramatizado es determinante el uso de los rasgos paralingüísticos, rasgos que serán analizados en §5.4. como marcas de humor.

5.5. El humor en el monólogo[10]

Si atendemos a la TGHV y a la revisión que hemos llevado a cabo en el capítulo 3, en nuestra exposición hemos analizado las estrategias narrativas del monólogo; también hemos tenido en cuenta la situación en la que se produce la escenificación y, parcialmente, la meta o blanco de la burla al que se dirige el humorista. Queda por justificar el papel que desempeña en este género humorístico la oposición de guiones y los mecanismos lógicos que sirven para resolver la incongruencia y el lenguaje empleado. Tal y como hemos mostrado en el capítulo 4, los mecanismos lógicos que emplea el humor se sostienen por medio de marcas e indicadores lingüísticos y paralingüísticos que facilitan el proceso de inferencia. La elección léxica, morfológica o fónica que lleva a cabo el humorista en el guion escrito o en la representación dramatizada no es un aspecto aislado, sino un hecho del uso del lenguaje (Verschueren, 2002 y 2009): el humorista observa la gama de *variables* de entre las elecciones posibles; *negocia* en contexto tales elecciones; y, finalmente, *se adapta* a las opciones posibles que le permitan lograr su objetivo básico, divertir a la audiencia.

Así pues, las elecciones lingüísticas llevadas a cabo se convierten en marcas e indicadores del humor. Se relacionan estrechamente con las estrategias narrativas del monólogo y con la situación comunicativa en la que se lleva a cabo la representación. Con las estrategias narrativas, pues las proposiciones narrativas que se encuentran en el monólogo humorístico son propias de cualquier monólogo, de modo que las proposiciones humorísticas dependen directamente de dicha secuencia narrativa. Con la situación, pues el registro, el nivel de planificación, de retroalimentación o de in-

---

[10] Una explicación alternativa a la que aquí se ofrece es la de la Teoría de la Relevancia. Desde el convencimiento de que el humor no es una propiedad inherente de los textos, pero que ayuda a conseguir la interpretación óptima, Yus (2004) considera que los monólogos de *El Club de la Comedia* utilizan dos tipos de estrategias principales, ambas basadas en el Principio de Relevancia de Sperber y Wilson:

-Algunas estrategias se localizan en determinados periodos del discurso y en cómo se procesan estos, lo cual se logra, por ejemplo, comparando conceptos que no parecen tener nada que ver, dejando la obtención de las inferencias en manos de la audiencia o produciendo un contraste entre los enunciados previos y los conocimientos que se derivan de ellos y los siguientes.

-Los humoristas juegan con los conocimientos culturales de la audiencia (con el entorno cognitivo mutuo), de modo que los efectos se derivan cuando se contrasta dicho conocimiento con las asunciones que se hacen mutuamente manifiestas durante la representación.

formalidad se dejan sentir en determinadas marcas e indicadores, utilizadas intencionadamente para causar humor.

Con esta hipótesis, analizaremos ahora las marcas e indicadores lingüísticos y paralingüísticos. Dichos elementos sostienen los mecanismos lógicos que permiten resolver las incongruencias que causa el monólogo humorístico. Como hemos hecho con anterioridad, nos apoyamos en el monólogo *Los velatorios*, escenificado por Enrique San Francisco y que se ha transcrito desde *Youtube*, atendiendo al sistema de Val.Es.Co.

En cuanto a la oposición de guiones, todo el monólogo se construye con los dos siguientes; la incongruencia se resuelve a partir del segundo:

1- En un velatorio ocurren cosas terribles.
2- En un velatorio ocurren cosas increíbles.

Estos guiones se sirven tanto de marcas como de indicadores que pasamos a analizar.

5.5.1. Marcas de humor

Por lo que afecta a los rasgos paralingüísticos, el monólogo dramatizado emplea, en especial, las siguientes marcas:

- La intensificación de palabras clave, como coronas, pompas fúnebres, champú, de marcha. La mayoría de estas palabras o expresiones van a generar humor por medio de la polisemia.
- En colaboración con este recurso funciona el aprovechamiento de las pausas, ya que tras la risa y/o el aplauso, el humorista pronuncia el enunciado humorístico. La combinación de ambos facilita el enunciado humorístico en muchas de las ocasiones.

De este modo, en (32) el empleo de la intensificación de *de marcha* se combina con las pausas para lograr la resolución humorística (*de marcha fúnebre*):

(32) ENRIQUE: solo me falta imaginarme ahí/ a los dos chavales currando ¿no? / limpiando el último diciendo *bueno este\ que es el último ¿no?*/ lavándole ¡hala! veng- y *ahora nos vamos DE MARCHA*///(2") de marcha fúnebre
Público: (RISAS)

ENRIQUE: lo que me falta por oír es que se van a mover el esqueleto
Público: (RISAS)

En cambio, en (33) el mismo mecanismo (combinación de pausas y de una unidad fraseológica, *no somos nadie*) se aprovecha a nivel dialógico, pues se desambigua tras las risas y gracias al empleo de polifonía:

(33) ENRIQUE: menos sentido tienen las conversaciones ¿no? tú estás ahíi/ se acerca uno/// *no somos nadie*
Público: (RISAS)
3"
ENRIQUE: tú piensas/ *no serás nadie tú↓ gilipollas*
Público: (RISAS)
Público: (APLAUSOS)

Igual estrategia se emplea en (34):

(34) ENRIQUE: *si no nos vamos a reír/ si no nos reímos ¿¡qué vamos a hacer!?*
Público: (RISAS)
ENRIQUE: dices tú/ *pues llorar señora ¡cojones!/ que aquí hemos venido a llorar*
Público: (RISAS)
Público: (APLAUSOS)

Por último, en (35) se observa cómo la evaluación que lleva a cabo el humorista se apoya en la pausa:

(35) ENRIQUE: nos vamos al otro barrio como los salmones/ahumados

5.5.2. Indicadores de humor

En cuanto a los indicadores humorísticos, resultan muy rentables los que tienen que ver con la multiplicación de referentes, como la polisemia o la ambigüedad. Estos se infieren como una infracción del principio de Informatividad (Levinson, 2000). El mecanismo lógico que se emplea para resolver la incongruencia es el de establecer un razonamiento, correcto o falso, que se ha de resolver. Nótese cómo a menudo tales razonamientos se apoyan en una palabra o expresión clave que es en la que se fundamenta la oposición de guiones y, en consecuencia, el mecanismo lógico. Estas palabras o expresiones son fundamentales para generar el humor, lo que hemos corroborado en la comparación del guión escrito y el monólogo en acción en § 5.4., pues, aunque se han eliminado algunas partes de la narración y se han adaptado otras, se han mantenido estas palabras o expresiones clave.

Observamos que en la primera parte del monólogo se establecen principalmente razonamientos correctos, basados en indicadores como la polisemia o en la ambigüedad; en cambio, cuando avanza su desarrollo, se magnifican las imágenes humorísticas; los razonamientos son en este caso incorrectos y se basan en exageraciones o en ignorar lo obvio. Funciona muy bien en estos casos el empleo de polifonía para lograr los efectos humorísticos. Así, en los razonamientos de la primera parte se desambigua la información utilizando las pausas y los tonemas como marcas; tras ellos, se añade la información necesaria para resolver la incongruencia y, en consecuencia, causar humor. En la segunda parte, a ellos se añade la polifonía como el recurso que permite resolver la incongruencia.

Seguimos en este punto la propuesta de mecanismos lógicos de Attardo, Hempelmann y Di Maio (2002), que hemos descrito pormenorizadamente en el capítulo 4. En primer lugar, vamos a analizar aquellos fragmentos de humor que se apoyan en razonamientos correctos basados en una premisa falsa. Después, analizaremos los razonamientos correctos basados en la coincidencia (pág. 81) y los razonamientos falsos basados principalmente en la exageración y en ignorar lo obvio (págs. 82-83).

En (36) se emplea la polisemia como indicador irónico; el ítem léxico *corona* se ha de desambiguar y para ello el humorista se apoya en marcas como las pausas:

> (36) ENRIQUE: nada más entrar ves un montón de **CORONAS** de flores/ que no sé por qué coño le llaman a eso/**corona**// **yo no he visto en mi puta vida a un muerto con eso en la cabeza**

Obsérvese cómo el enunciado tras la pausa, que ayuda a resolver la incongruencia, evoca una imagen humorística (ver a un muerto con una corona en la cabeza) que es en realidad la que causa los efectos perseguidos.

En (37) la polisemia proviene de la expresión lingüística *tus nietos no te olvidan* que puede entenderse, o bien como unidad fraseológica, en concreto, como una fórmula, o bien como sintagma libre. La desambiguación se logra en el *gancho*[11], gracias a las pausas:

---

[11] Recordemos que los ganchos (o *jab lines*) pueden darse en cualquier lugar del texto, a diferencia de los remates (o *punch lines*) que cierran el texto, y están completamente integrados en la narrativa en la que aparecen, en este caso, en el monólogo.

(37) ENRIQUE: las- las frases ee- lo de las coronas- las frases que pone son de verdad↑/ dignas de leerlas ¿no?// **tus nietos no te olvidan/ tus compañeros de trabajo no te olvidan/ pero hombre ¡si se acaba de morir!**
Público: (RISAS)

Otro enunciado humorístico ligado a la polisemia es el de (38). El razonamiento se establece igualmente sobre una premisa falsa: *pompas* ha de desambiguarse, pues puede entenderse como 'pompas fúnebres' o como 'pompas de jabón'. El *gancho* del humorista ocasiona la risa del público, pues se evoca una imagen cómica:

(38) ENRIQUE: ¿cómo se puede llamar a un negocio POMPAS fúnebres/ eso es una falta de respeto ¡joder!
Público: (RISAS)
2"
ENRIQUE: claro
Público: (APLAUSOS)
ENRIQUE: suena
Público: (APLAUSOS)
ENRIQUE: suena comoo no lo sé/como uun un título- un nombre↓ champú para difuntos/ imagínese el anun- el anuncio ¿no?// **CHAMPÚ↑/ pompas fúnebres**
Público: (RISAS)
ENRIQUE: **el que no IRRITA los ojos**
Público: (RISAS)

Similares mecanismos se observan en (39):

(39) *y ahora nos vamos DE MARCHA*/// (2") **de marcha fúnebre**

En otro grupo de enunciados se establece un razonamiento correcto basado en una coincidencia. Así, en (40) el razonamiento se apoya en la ambigüedad como indicador: *quedarse* presenta en la premisa dos sentidos posibles. La segunda parte permite desambiguarlo:

(40) de pronto pasa un funcionario y me dice ¿qué?// *usted se queda ya aquí ¿no?* /yo por darle la razón a todo el mundo me quedé

Nótese cómo la imagen que evoca la situación descrita, 'quedarse aquí' o 'quedarse aquí hasta que se muera' es la que genera humor y la que causa el efecto perseguido, la risa del público.

Principalmente, la segunda parte del monólogo, hacia el minuto 2, presenta la exageración, la hipérbole como indicador básico. No basta con contraponer los dos sentidos de una palabra o expresión para causar humor; ahora se trata de establecer razonamientos falsos basados principalmente en la exageración y en ignorar lo obvio. En estos casos, no es suficiente con desambiguar la premisa con una aclaración tras la pausa oportuna; es necesario emplear otros procedimientos como la polifonía. La aparición de diversas voces, todas ellas haciendo uso del discurso directo, supone que todos ellos son locutores y, en consecuencia, son responsables de lo que dicen. Este indicador le permite al humorista generar incongruencia al utilizar lo dicho con un sentido y lo que sigue con otro sentido. Esto causa humor en todos los casos. Obsérvese, además, que el discurso directo no se emplea siempre con su función narrativa primordial, sino especialmente con funciones propias de la evaluación, como la *apreciativa* o *ilustrativa*[12].

Así por ejemplo, en (41) se establece un razonamiento falso basado en una exageración:

>(41) ENRIQUE: menos sentido tienen las conversaciones ¿no? tú estás ahíi/ se acerca uno/// **no somos nadie**
>Público: (RISAS)
>3"
>ENRIQUE: tú piensas/ **no serás nadie tú↓ gilipollas**
>Público: (RISAS)
>Público: (APLAUSOS)
>5"
>ENRIQUE: yo soy un tío de puta madre
>Público: (RISAS)

Vemos cómo el humorista representa un locutor ("no somos nadie"). El público se anticipa a la resolución con las risas. A continuación, el humorista representa en sucesivas intervenciones, su propia voz ("tú piensas/ *no serás nadie tú* ↓ *gilipollas*"). La reacción del público, las risas y los aplausos, no se hace esperar. El humorista se retroalimenta de estos y lleva a cabo un *gancho* de la broma ("yo soy un tío de puta madre").

En cambio, en (42) se establece un razonamiento falso basado en ignorar lo obvio:

>(42) ENRIQUE: ahí es cuandoo/ a través de las bromas- referente al difunto entra la risa floja/ y se acercaa alguien y dice *humm*
>Público: (RISAS)
>ENRIQUE: si no nos vamos a reír→/ si no nos reímos ¿¡qué vamos a

---

[12] La función apreciativa sirve para expresar una opinión o un sentimiento de un testigo. Por su parte, la función ilustradora se usa para ilustrar, explicar o parafrasear un comentario del hablante (Vincent y Perrin, 1999). Ambas funciones son muy habituales en la conversación espontánea (Ruiz Gurillo, 2006: cap.5).

> *hacer!?*
> Público: (RISAS)
> ENRIQUE: dices tú/ *pues llorar señora ¡cojones!/ que aquí hemos venido a llorar*
> Público: (RISAS)
> Público: (APLAUSOS)
> 6"
> ENRIQUE: muchas gracias
> Público: (APLAUSOS)

En este caso, el humorista ignora la ritualización de la fórmula *¿¡qué vamos a hacer!?* y la interpreta de manera literal. Esta es una de los *ganchos* más rentables de todo el monólogo, donde el talento natural del humorista se deja sentir y es premiada por un largo aplauso. Obsérvese asimismo cómo actúa el dinamismo conversacional cuando el humorista responde a las risas y a los aplausos.

También encontramos un razonamiento falso basado en una falsa analogía en (43):

> (43) ENRIQUE: ootro/ *hoy estamos aquí/mañana allí*
> Público: (RISAS)
> ENRIQUE:¡hombre!/eso es la ventaja de tener coche

Este análisis permite respaldar que en la generación de ambigüedad, polisemia o analogía se emplean tanto palabras como combinaciones de palabras. Así, el uso de unidades fraseológicas como los enunciados *no somos nadie, ¿¡qué vamos a hacer!?* o *a buenas horas*, las locuciones *irse de marcha, mover el esqueleto, irse al otro barrio* o *de una tirada* refuerzan la infracción del principio de Informatividad; asimismo, el empleo de expresiones marcadas aluden, en suma, a una situación marcada, la situación humorística (infracción del principio de Manera).

El remate humorístico del monólogo dramatizado está constituido por una unidad fraseológica gramaticalmente irónica[13], *a buenas horas*:

> (44) ENRIQUE: a mí las frases que má- más me impresionan son las de pésame/ *ya ha pasado a mejor vida*/ eso es cierto ¿eh? porque toda la vida rodeao de muebles de Ikea!/ y con un Talbot Samba!/ y de pronto te vas al otro barrio en- pues ¡joder! en un- en un ataúd de- de roble macizo y con un Mercedes cojonudo y chófer
> Público: (RISAS)

---

[13] *A buenas horas* forma parte de las unidades fraseológicas que han gramaticalizado un significado irónico, como *estaría bueno, cubrirse de gloria* o *para variar*. Para un análisis de las mismas, véanse Timofeeva (2009) y Ruiz Gurillo (2009b).

> ENRIQUE: el Mercedes que es uno de los coches↑/ dicen más seg- más seguro que hay/ **a buenas horas**
> Público: (RISAS)

Así pues, el humorista evalúa esta última anécdota con el remate humorístico que le facilita la codificación de una unidad fraseológica de por sí irónica, *a buenas horas*. Recuérdese que, como hemos visto en § 5.4. (Figura 11), el monólogo dramatizado no incluye la coda que sí recoge el guión, por lo que esta última frase se convierte en el remate final del monólogo humorístico audiovisual.

5.6. Conclusiones

A partir de la propuesta de la TGHV se ha llevado a cabo un análisis de los monólogos humorísticos, tomando como referencia los clásicos que se integran en *El Club de la Comedia*. En primer lugar, se han analizado sus rasgos de registro, género y texto. En concreto, nos encontramos ante un género de persona a audiencia. El marco espacial es un escenario, donde encontramos a un monologuista, habitualmente de pie, que desarrolla un monólogo de duración breve. Viste de forma neutra; la iluminación es directa y a menudo se acompaña de una orquesta en directo. En cuanto a la relación de los participantes, es doble: por un lado, el monologuista se dirige a un público, por lo que desarrolla en este caso una interacción directa que tiene una estructura similar a la secuencia de historia (intervenciones largas del monologuista; intervenciones fáticas del público que se ríe o aplaude). Por otro lado, el monologuista se dirige a una audiencia, habitualmente televisiva, con la que establece una relación indirecta. El registro, por su parte, es oral no espontáneo para ser dicho como si no estuviera escrito. Muestra un carácter dinámico en cuanto a algunos de sus rasgos, como ±planificado, ±retroalimentado y ±dinámico. Asimismo, es inmediato, se produce cara a cara, su fin interpersonal es divertir, se desarrolla en un tono informal y sobre un tema no especializado y cercano (los velatorios, la guardia civil, los pesimistas, las navidades, las bodas).

Por otra parte, el monólogo humorístico se estructura frecuentemente como una narración, por lo que presenta sus rasgos, a menudo reducidos a causa de su idiosincrasia a una presentación, una complicación o nudo de la historia, una evaluación y una coda.

Hemos visto cómo estos aspectos se reflejan en los monólogos humorísticos de *El Club de la Comedia*. Además, el guión escrito se diferencia del monólogo en acción tanto en los rasgos del registro (planificado, retroalimentado, dinámico, inmediato, cara a cara) como en otros aspectos referentes a los tópicos y subtópicos, diferencias que, sin embargo, no afectan a las palabras o expresiones clave que van a generar humor.

De acuerdo con esta presentación de las estrategias narrativas empleadas, la situación comunicativa en la que se escenifica y la meta o blanco de la burla, se ha realizado un análisis de los mecanismos lógicos que sostienen la oposición de guiones y permiten resolver la incongruencia, y un análisis de los elementos lingüísticos y paralingüísticos, entendidos estos como marcas e indicadores del humor. Se ha defendido que las elecciones lingüísticas son hechos fundamentales de la función comunicativa del lenguaje, de acuerdo con Verschueren (2002) y (2009), y que dichas marcas e indicadores se relacionan estrechamente con las estrategias narrativas del monólogo y con la situación comunicativa en la que se lleva a cabo la representación. Asimismo, los mecanismos lógicos se sostienen por medio de estas marcas e indicadores que facilitan el proceso de inferencia. En cuanto a los indicadores humorísticos, resultan muy rentables los que tienen que ver con la multiplicación de referentes, como la polisemia o la ambigüedad. Estos se infieren como una infracción del principio de Informatividad (Levinson, 2000). A nuestro juicio, el resto de principios pragmáticos (el de Manera y el de Cantidad) se supeditan en el humor a este principio de refuerzo, el de Informatividad, en torno al cual gira la generación de humor en el texto.

6

LO BUENO SI BREVE...: LA PARODIA EN FORMA DE *SKETCH*

6.1. Una definición de parodia

En este capítulo 6 nos proponemos analizar una forma concreta de humor, la parodia televisiva. A juicio de Pueo (2002), la parodia prolifera en los tiempos postmodernos en los que nos encontramos, de forma que se puede parodiar casi todo. Para Méndez (2004) la parodia es una categoría del humor basada en la intertextualidad. Por ello, se construye sobre procedimientos enunciativos, frente a otras manifestaciones de humor que se construyen mediante procedimientos lingüísticos. En este sentido, Charaudeau (2006: 32) señala que en ella coexisten dos textos que se alimentan recíprocamente: el texto original es la referencia; el paródico encuentra su fundamento en la burla basada en el original.

En realidad, la parodia es, sin lugar a dudas, la forma de humor verbal más cercana a la sátira (Simpson, 2003: 123). Por ello, a la hora de concretar los procedimientos enunciativos en los que se apoya la primera, conviene referirse a la propuesta de Simpson (2003) en torno a la segunda. En este caso, la sátira se define como una práctica discursiva que se integra frecuentemente en las diversas prácticas humorísticas cotidianas. Como tal, está compuesta por diversos elementos:

– El *sátiro*, o productor del texto.
– El destinatario de la sátira, ya sea lector u oyente.
– El *satirizado*, es decir, el blanco de la burla atacado o criticado en el discurso satírico.

En cuanto a sus propiedades lingüísticas, funciona como un discurso de orden superior, pues se sirve de un género primario con el que establece una relación dialéctica[1]. Así, activa un hecho discursivo anterior, real o posible, que se convierte en *discurso ecoico* del texto satírico. La disonancia entre el dominio original y el dialéctico es el que crea un marco pragmático para la interpretación. Por último, la sátira cumple una función ideológica, como también advierte Lefort (1999). Tal es el caso de la parodia televisiva, entendida como "una respuesta crítica y social a los discursos serios y legitimados que transmiten los medios de comunicación a través de los informativos tradicionales" (Méndez, 2004: 186). En concreto, en ella se produce:

> (...) un humor basado en unos contenidos totalmente diferentes, ligados a la actualidad informativa mediática, lo que hace de él un tipo de discurso que no busca como objetivo únicamente la risa como respuesta por parte del telespectador, sino un efecto más profundo que trata de provocar reacciones reflexivas que le hagan adoptar una postura crítica y evaluar los temas humorizados (Méndez, 2004: 163).

A juicio de Méndez (2004 y 2009), las manifestaciones de humor en la televisión española han evolucionado: hubo una época en la que estas no tenían autonomía, pues se daban integradas en otros programas. Además, suponían mucho menos tiempo en la programación. A mediados de los noventa, coincidiendo con la estabilidad de los nuevos canales privados, se detecta un incremento del humor en las programaciones televisivas con el fin de atraer a la audiencia; así, se observa un aumento de las comedias televisivas de situación, de cosecha propia o foránea, dibujos animados para adultos, monólogos humorísticos (*La Noche de la Comedia, El Club de la Comedia*), programas especiales de humor hechos por humoristas consagrados, como los Morancos o Cruz y Raya), o informativos y magacines informativos. Todo ello ocasiona que se hayan creado formatos nuevos, "subgéneros discursivos totalmente novedosos en el panorama televisivo español" (Méndez, 2004: 158). Incluso ocurre que algunos contenidos pretendidamente serios, como las noticias o los deportes, están sufriendo una frivolización lúdica. En este contexto, la autora analiza el magacine *Caiga quien caiga* en su primera época, cuando era dirigido por el Gran Wyoming. Dicha forma de humor mediático se define como *parodia informativa*.

En resumen, puede decirse que la parodia es una práctica discursiva humorística cercana a la sátira. En los últimos tiempos, la

---

[1] Esto ocasiona que no sea considerada por Simpson (2003: 215) como un género discursivo propiamente dicho.

parodia se ha convertido en un ejercicio discursivo muy frecuente de los programas televisivos, por lo que puede hablarse de la parodia televisiva o informativa como manifestación concreta de humor. Ilustramos estos hechos con la Figura 13:

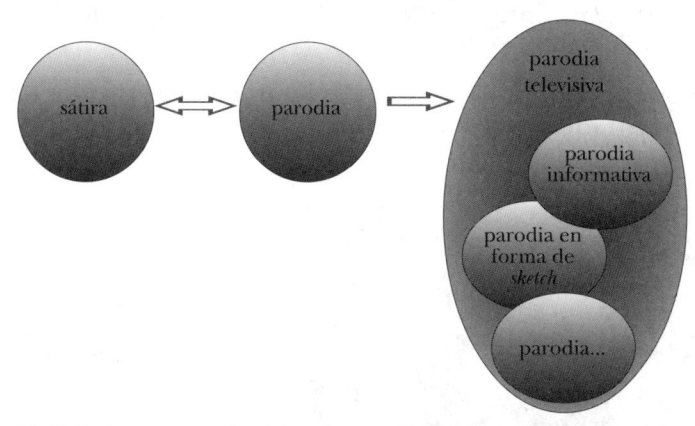

Figura 13: Relaciones entre la sátira, la parodia y los tipos (posibles) de parodia televisiva

Asumiendo que sátira y parodia comparten sus rasgos básicos, Rossen-Knill y Henry (1997) consideran que la parodia verbal es un acto de habla, en el sentido de J. Searle, y proponen cuatro rasgos esenciales que la identifican:

1. *La representación verbal intencional del objeto de la parodia*, que incluye una forma lingüística concreta y un blanco de la burla (una acción, un evento, una persona, un grupo de personas, etc.).
2. *El alarde de la representación verbal*, según el cual el hablante intenta con su representación recordar o traer a la memoria del oyente el acto previo o el suceso que se está parodiando y, en segundo lugar, intenta que el oyente lo reconozca. Se consigue con la risa y con la infracción de las máximas o principios pragmáticos.
3. *El acto crítico*, que sirve para ridiculizar el objeto de la parodia. Tanto la representación intencionada como el alarde que lleva a cabo el hablante recuerda al oyente el hecho que se está ridiculizando. Así, simplemente puede bromearse sobre algo o se puede mostrar desprecio hacia lo criticado.

4. *El acto cómico*, que es la esencia de la parodia verbal. Para conseguir la comicidad, el hablante restringe el lenguaje usado para producir la representación intencional del objeto de la parodia, alardea de dicha representación y restringe la crítica; en suma, integra o manipula estos tres tipos de actos para crear el acto cómico.

De este modo, proponen el siguiente modelo para la parodia verbal, que traducimos del original:

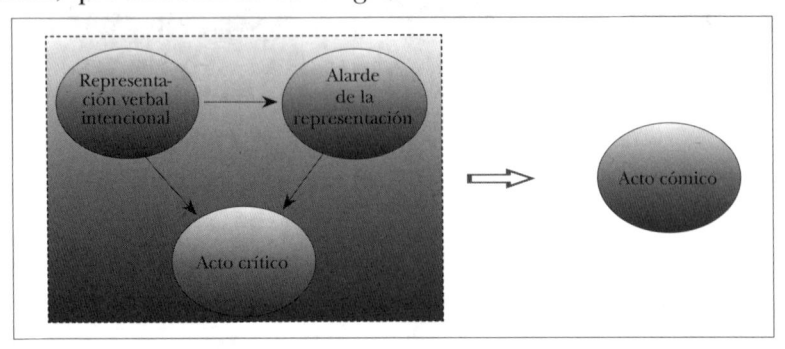

Figura 14: Un modelo para la parodia verbal, según Rossen-Knill y Henry (1997: 736)

Así pues, la parodia se basa en la intertextualidad o, dicho de otro modo, enfrenta un texto original de manera dialéctica con el construido como parodia. Tiene un componente ideológico y, en el caso de la televisión, supone una frivolización de la información. Por ello, es importante considerar el lenguaje que se emplea, a quién se dirige la burla, qué procedimientos se utilizan para alardear de dicha parodia, a quién y cómo se critica, y, en fin, cómo se produce la comicidad. Ahora bien, de los seis recursos de conocimiento descritos por la TGHV, el más importante en la parodia resulta ser el del blanco de la burla, ya que constituye las bases del acto crítico, de acuerdo con Rossen-Knill y Henry (1997).

6.2. Un tipo de parodia: el *sketch* televisivo

Con estos fundamentos, vamos a analizar seguidamente un *sketch* extraído de un programa televisivo, *Saturday Night Live*, emitido por la cadena televisiva *Cuatro*. Un *sketch* es una escena cómica, que dura entre 5 y 10 minutos y que se suele representar en un teatro o en la televisión. Los *sketchs* construidos para el programa, que se lleva a cabo en directo, parodian noticias o situaciones cotidianas y cuentan con un público en la sala de grabación. En este caso, se apoya en la estructura del publirreportaje de un medicamento y recurre a datos socioculturales como la crisis económica y el aumento del número de parados en España. En concreto, el actor José Luis Gil, más conocido por sus papeles en series como *Aquí no hay quien viva* y *La que se avecina*, interpreta aquí al Dr. Lilly y nos presenta los dos nuevos fármacos de la crisis, *Melasuda* y *Keosden*. *Melasuda* es la primera píldora anestesiadora de conciencia, recomendada para las conciencias de poder como Bush, Zapatero o Bill Gates. Para los que tienen problemas reales como el paro, la crisis, las hipotecas o las situaciones sentimentales, se recomienda tomar *Keosden* y, en situaciones límite, *Keosden forte*. El vídeo, que se puede ver desde *Youtube*, ha sido transcrito atendiendo a las claves del grupo Val.Es.Co., ya empleadas en capítulos previos. Tiene una duración de 3 minutos y 15 segundos:

> (45) Dr. Lilly: hola/hola// soy el doctor Lilly de los laboratorios Hoffman y estoy aquí para PREsentarles una nueva GAMA de medicamentos para sobrevivir a estos tiempos tan difíciles// por fin se legaliza en nuestro país la primera píldora anestesiadora de conciencias/ ¿saben ustedes que tomó Bush cuando se comprobó que no había armas químicas en Irak?/ ¿o que hizo Bill Gates cuando se enteró de que Windows Vista↑ daba problemas? ¿y Zapatero↑// cuando le avisaron de que se avecinaba una crisis mundial? ¿preocuparse↑/ pasar las noches en VELA↑/ tratar de enmendarlo? ¡NOO! SIMPLEMENTE se tomaron una pastilla de/ MELASUDA
> Público: (RISAS)
> Dr. Lilly: Melasuda↑ anestesia sus reparos morales hasta difuminarlos del todo/Melasuda↑ lleva extracto de melasudina↓ valeriana↓ hierba de relax del Tibet y diez miligramos de opio/ escuchemos ahora TESTIMONIOS de personas que han↑ aniquilado su conciencia gracias a Melasuda/ aquí tenemos a Emilio Lamancha↑ director de banco
> Lamancha: a mí Melasuda me ha venido de perlas/ hemos llevado el sistema a la quiebra y encima seguimos ganando un pastón
> Dr. Lilly: ¿y cómo se siente al respecto?
> Lamancha: ¿se refiere a lo de estar embargando pisos de gente que no puede pagar su hipoteca o a estar tapando agujeros con el dinero que nos da el estado?// ¡MELASUDA!
> Dr. Lilly: no podría esperar otra respuesta/ pero Melasuda↑/ Melasuda no solo vale para políticos o economistas ¡NOO! tenemos

aquí con nosotros[2]/ ¡CARAMBA! a Alex Raminovich↓ el aclamado director de cine ¡QUÉ SORPRESA! y tú ¿para qué necesitas Melasuda?
Raminovich: verá doctor Lilly/ para hacer una buena película es fundamental tener una buena idea y conseguir una subvención/ aunque bueno↓ lo más fundamental es conseguir la subvención
Público: (RISAS)
Dr. Lilly: bueno ↓ pero tendrá que gustarle también al público ¿no?
Raminovich: no ↓ déjeme que se lo explique/ cuando me pongo a pensar en el público es que ha llegado el momento de tomarme la pastillita[3]/ entonces mientras yo tenga mi subvención a mí el público↑/ ¡MELASUDA!
Público: (RISAS)
Dr. Lilly: bien/ y ustedes se preguntarán ¿QUÉ PASA con el hombre de la calle cuyos problemas non son de conciencia sino REALEES?// también tenemos algo para ellos[4]/ Cándido Zamora↑/ que Cándido Zamora es una de esas personas tan agobiadas por la crisis que están a punto de perder la razón↑/ o de meter la cabeza en el horno
Zamora: yo he perdido la ilusión por la vida/ tengo una úlcera del tamaño de un parque de atracciones/ la hipoteca me está asfixiando y en la oficina me va fatal/ y encima mi mujer no para de DARME EL COÑAZO
Público: (RISAS)
Zamora: siento cómo me agobio minuto a minuto
Dr. Lilly: vale↓ vale/ ¿y si yo le digo que tomando una simple pastilla puedee/ pueden acabar tus problemas?
Zamora: sí ↓ de cianuro ¡no te jode! pero es que no tengo el valor suficiente
Dr. Lilly: que no hombre que no/ se trata de→/ KEOSDEN/ Keosden lleva una composición similar a Melasuda pero con un POQUITO de ácido lisérgico que cambia su percepción de la realidad para que usted sea capaz de mandarlo todo a la mierda
Zamora: ¡PUES HALA! ¡A LA MIEERDA! ¡KEOSDEN!
Dr. Lilly: y sin tomársela ¿eh? Keosden está especialmente indicado en casos de hipotecas abusivas↑/ situaciones laborales precariaas↑ y situaciones sentimentales rutinarias// que sus problemas son demasiado gordos↑ ¡NO SE PREOCUPE! también tenemos Keosden Forte
Público: (RISAS)
Dr. Lilly: y para los casos realmente graves Keosden pomada
Voz en off: evite tomar Melasuda o Keosden si va a pilotar un avión ↓ si dirige una central nuclear↓ o si piensa refundar el capitalismo
Público: (RISAS)
Dr. Lilly: para todos los demás ↑/Melasuda ↑/ o Keosden/ porque

---

[2] Entra el director de cine Alex Raminovich.

[3] El Dr. Lilly hace un gesto de aprobación (o.k.) con el pulgar de su mano derecha.

[4] Aparece Cándido Zamora en el escenario.

en este mundo lo que mata ES LA PREOCUPACIÓN/ cómprelo en su farmacia más cercana/ o no// a mí me la suda
Público: (RISAS)
Dr. Lilly: si lo compran Melasuda// y si no lo compran Keosden// forte
(*Youtube*, 18 de abril de 2009. Fecha de consulta, agosto de 2010).

A continuación, vamos a seguir la propuesta revisada de la TGHV y los presupuestos establecidos por Rossen-Knill y Henry (1997) para el análisis. Comenzamos por las estrategias narrativas empleadas en este *sketch*. Así, el lenguaje es de tono formal y está planificado. El fin interpersonal es convencer a la audiencia para que compren los medicamentos anunciados. Por ello, el texto es esencialmente expositivo-argumentativo. De este modo, el Dr. Lilly explica las cualidades del medicamento y las respalda señalando su composición. Para mostrar su efectividad se recurre a testimonios reales. Las contraindicaciones que da la voz en *off* aparecen asimismo en pantalla con letras blancas en un fondo azul, como ocurre en los anuncios de medicamentos. Los medicamentos se presentan en envases similares a los de los medicamentos serios, con letras en negro impresas sobre un fondo blanco. Además, las propiedades de los mismos vienen supuestamente respaldadas por su composición "seria", como ocurre con el ácido lisérgico aquí mencionado, comúnmente conocido como LSD, un compuesto alucinógeno. Es decir, el publirreportaje sobre los medicamentos *Melasuda* y *Keosden* tiene la estructura y las partes básicas de un publirreportaje serio sobre cualquier medicamento. Sobre ella se construye la estrategia narrativa del humor. En este caso, hay una presentación del problema, una exposición de los hechos, una evaluación y una coda que concretamos en la Figura 15:

Presentación	por fin se legaliza en nuestro país la primera píldora anesteasiadora de conciencias
Exposición-ilustración	Melasuda↑ lleva extracto de melasudina↓ valeriana↓ hierba de relax del Tibet y diez miligramos de opio
	escuchamos ahora TESTIMONIOS
Evaluación	porque en este mundo lo que mara ES LA PREOCUPACIÓN
Coda	si lo compran Melasuda// y si no lo compran Keosden//forte

Figura 15: Partes del *sketch* como texto narrativo-expositivo

En cuanto al blanco de la burla, cabría decir que el *sketch* denuncia a los políticos, los economistas y los empresarios que nos han conducido a la situación de crisis. Para hacer alarde de este lenguaje concreto y de aquellos a los que se dirige la burla, los actores construyen un eco de una situación inicial, la del publirreportaje de un medicamento, en la que se insertan otros ecos, como la actuación de los políticos o de los empresarios.

Por su parte, la representación verbal intencional conlleva la infracción de los principios pragmáticos: siguiendo a Levinson (2000) y Rodríguez Rosique (2009), se infringe, en primer lugar, el prerrequisito de cualidad, pues se construye un contexto evidentemente falso que evoca al original. En dicho contexto, los medicamentos *Melasuda* y *Keosden* muestran su efectividad como anestesiadores de conciencia, indicación extraña para un medicamento. El principio de Informatividad también se infringe, pues la multiplicación de referentes está presente en todo momento; de hecho, los nombres de los medicamentos aluden a dos fórmulas rutinarias de carácter malsonante, usadas en el habla espontánea, con las que se muestra la falta de interés por algo, *¡que os den!* y *¡me la suda!* (Alvarado, 2010). En unos casos se emplean como fórmulas, pero en otros como la marca de los medicamentos anunciados, lo que ocasiona la infracción continua de dicho principio. Este se ve apoyado igualmente por la violación del principio de Manera, ya que tales fórmulas rutinarias son expresiones marcadas. De igual modo, dichas fórmulas han servido para la creación de los derivados de carácter técnico *melasudina* y *keosdenato*, principios activos de los medicamentos que se anuncian. Asimismo, el alarde de la representación intencional de la parodia se ve respaldado por las risas del público, que responde de este modo a las bromas integradas en el *sketch*.

Por otro lado, el acto crítico supone una broma acerca de las situaciones parodiadas, el comportamiento de políticos o empresarios. El *sketch* pone al alcance de cualquier mente que sufre, sea personalidad relevante u hombre normal de la calle, un remedio contra sus males de conciencia. Por eso, la crítica se dirige tanto a las personalidades que nos gobiernan como al conjunto de los gobernados. Para todos ellos se han creado estas medicinas. Por otro lado, también hay una crítica velada a los publirreportajes televisivos, que venden cualquier tipo de medicamento o remedio, incluso los de dudosa eficacia.

El *sketch*, en fin, resulta ser un acto cómico porque está bien gestionado: los actores siguen el guión previamente establecido para la parodia. Refuerzan sus intervenciones con elementos kinésicos, como la sonrisa o los gestos de apoyo a los testimonios que van apareciendo en escena. También con elementos paralingüísticos que realzan lo lingüístico, como la utilización de las pausas antes de presentar los tópicos principales, el uso de la intensidad o de la prosodia. En realidad, buena parte de la comicidad surge del empleo exagerado, incluso ridículo, de estos elementos paralingüísticos como apoyatura verbal. Asimismo, el uso intencional del lenguaje (el empleo de fórmulas rutinarias malsonantes como marcas de medicamentos, el uso de dichas expresiones marcadas) se restringe para lograr la comicidad. El *sketch*, en fin, se hace eco de los publirreportajes serios, pero incluye una crítica velada de estos, al tiempo que cuestiona la manera de actuar de políticos y otras personalidades.

6.3. Conclusiones

En este capítulo hemos visto cómo puede analizarse una forma concreta de humor, la parodia, más concretamente, una forma de esta, la parodia televisiva. La situación en la que se producen dichos textos humorísticos y su función televisiva nos ha servido como marco del análisis. Asimismo, la consideración de que trata de un discurso satírico ha permitido relacionarla con esta forma más amplia de discurso humorístico. De hecho, la consideración de la parodia verbal como acto de habla, de acuerdo con Rossen-Knill y Henry (1997), nos ha facilitado una explicación que hemos integrado en los seis recursos de conocimiento que recoge la TGHV. Así, está compuesta por una representación verbal intencional del objeto de la parodia (tanto la forma lingüística como el blanco de la burla); se hace alarde de dicha representación; y se produce un acto crítico. Estos tres aspectos se restringen en el acto cómico, esencia de la parodia verbal. Con tales fundamentos hemos analizado un *sketch* televisivo que, bajo la forma de un publirreportaje de medicamentos "serios", anuncia dos fármacos anestesiadores de conciencia, *Melasuda* y *Keosden*[5].

---

[5] Para un anáisis más detallado de la parodia, puede consultarse Ruiz Gurillo (en prensa 1).

Tras el análisis de géneros propiamente humorísticos como el chiste, el monólogo o el *sketch*, en el próximo capítulo nos centramos en un género serio, la conversación espontánea, que utiliza el humor como una estrategia.

7
UN GÉNERO NO HUMORÍSTICO: LA CONVERSACIÓN ESPONTÁNEA

7.1. Introducción

Una vez hemos sometido al análisis géneros humorísticos como el chiste, el monólogo o el *sketch*, queremos detenernos ahora en las estrategias de uso en un género no humorístico. Nos referimos a la conversación espontánea o, dicho de otro modo, a la coloquial. Dado que el humor no forma parte de su constitución como género, hemos seleccionado para el análisis un corpus de intercambios irónico-humorísticos en la conversación coloquial. La selección previa de los mismos parte de una concepción concreta de Análisis Conversacional, así como de un análisis interaccionista de ambos hechos pragmáticos, aspectos estos que pasamos a explicar someramente.

Nos apoyamos en el Análisis Conversacional desarrollado por el grupo Val.Es.Co. en diversos trabajos (en especial, Briz y grupo Val.Es.Co., 2003). Los datos, extraídos del corpus de Val.Es.Co., provienen tanto del corpus publicado (Briz y grupo Val.Es.Co., 2002), como del corpus de referencia que se está digitalizando actualmente y que estará disponible *online* en breve. De este corpus se han extraído 59 fragmentos irónico-humorísticos; en ellos, la ironía se da en una única intervención o se prolonga a lo largo de diversas intervenciones, dando lugar a relatos humorísticos.

Asimismo, nuestra investigación se inscribe en los análisis interaccionistas de la ironía y el humor. Dichos trabajos se integran, de modo general, en el Análisis Conversacional americano y se apoyan en la Etnografía de la Comunicación de John Gumperz y en la Sociolingüística Interaccional de Ervin Goffman. En ellos interesan las relaciones interpersonales (influencia de la edad o el género, relaciones de poder o de solidaridad, etc.) o los aspectos psicosociales (recepción de la ironía y el humor, cortesía, etc.). Comienzan a ser frecuentes los análisis tanto de la ironía (Jorgensen, 1996; Clift, 1999; Anolli *et alii*, 2001; Gibbs y Colston, 2001; Kotthoff, 2003; Giora y Gur, 2003; Eisterhold, Attardo y Boxer, 2006), como del humor (Rossen-Knill y Henry, 1997; Hay, 2000; Attardo, 2001b; Schegloff, 2001; Everts, 2003; Norrick, 2003; Kotthoff, 2006b y 2006c; Holmes 2006; Lampert y Ervin-Tripp, 2006; Davies, 2003 y 2006).

Todos estos trabajos vienen a desmentir ciertas ideas preconcebidas sobre el empleo de la ironía o el humor en interacción, como su carácter negativo hacia el interlocutor o su ausencia en las intervenciones de mujeres. En cambio, corroboran su empleo como elemento de cohesión o de solidaridad en situaciones de igualdad social y como aspecto diferenciador en cuanto al género. Como decíamos, los datos, extraídos del corpus de Val.Es.Co., fundamentan nuestro análisis y muestran también estas ideas acerca de la solidaridad de la ironía y el humor y de las diferencias de género que suscita. Ahora bien, frente a otros trabajos interaccionistas, se observa en nuestro corpus un alcance que va más allá de la unidad estructural *intervención* y se sitúa en la dimensión social del *turno* y la *alternancia de turnos*.

Con tales fundamentos, esbozaremos, en primer lugar, las nociones básicas del Análisis Conversacional entre las que se encuentran las unidades de la intervención, el turno, el intercambio, la alternancia de turnos y el diálogo (§ 7.2.). En el epígrafe 7.3. nos situamos, inicialmente, en la unidad intervención, unidad básica de la dimensión estructural de la conversación, con el fin de observar cómo funcionan los enunciados irónico-humorísticos (§ 7.3.1). La concepción de ironía que desarrollamos se apoya en el modelo neogriceano (Rodríguez Rosique, 2009) que explicaremos pormenorizadamente en el capítulo 8. Ello nos conducirá a observar cómo adquiere un papel destacado en la dimensión social, en el turno y, por extensión, en la progresión conversacional (§ 7.3.2.). Nuestra hipótesis es que la ironía continuada facilita los efectos humorísticos y posibilita que se lleven a cabo relatos humorísticos, como explicamos en § 7.3.3.

7.2. Un género para la conversación espontánea

Val.Es.Co. ha desarrollado un sistema de unidades que permite explicar las interacciones que se dan en la conversación espontánea. La discriminación entre un orden interno y un orden social, con unidades conversacionales diferenciadas, posibilita una explicación de fenómenos que, aunque no exclusivos, resultan muy habituales en la conversación coloquial, como las emisiones sucesivas, los solapamientos, las respuestas meramente fáticas o las conversaciones paralelas. En este contexto, la puesta en marcha de las diferencias existentes entre emisor y receptor, por un lado, y hablante y oyente, por otro, contribuye a la separación de tales órdenes.

Las primeras unidades que consideraremos serán la *intervención* y el *turno*. En las conversaciones coloquiales no solo toma relevancia que el emisor ocupe un turno de habla, sino que existen otros aspectos que resultan decisivos para el avance de la conversación, como, por ejemplo, que su emisión sea tenida en cuenta por su interlocutor o interlocutores, o que estos colaboren en la buena marcha de la conversación. Por ello, la mera distinción estructural de una unidad máxima monologal como el turno, que había propuesto el Análisis Conversacional americano (entre otros, Sacks, Schegloff y Jefferson, 1974), no resuelve los problemas de los intercambios coloquiales. Así, la solución pasa por considerar otros aspectos, como el reconocimiento por parte de los otros participantes, el robo o la posesión de turno. En este contexto, el grupo Val.Es.Co. define el turno como:

> Unidad social, responsable de la progresión conversacional, caracterizada por ser un lugar de habla rellenado con emisiones informativas aceptadas por los interlocutores mediante su atención manifiesta y simultánea (Briz y grupo Val.Es.Co, 2003: 20).

Así, hay un turno cuando la intervención de un nuevo participante sea solicitada o cuando sea reconocida o aceptada como tal. En consecuencia, mientras la intervención consiste en cada una de las emisiones de un interlocutor, ya sea verbal o extraverbal, el turno ha ser reconocido *socialmente* por el resto de los participantes. Esta diferencia, centrada en la aceptación, llevó al grupo a valorar otros aspectos, como la distinción entre emisor y receptor, por un lado, y hablante y oyente, por otro. Los dos primeros conceptos proceden de la teoría de la información y no conllevan ningún mecanismo que no sea estructural o natural, ya que los seres humanos disponemos de la capacidad natural de emitir y recibir sonidos. Por su parte, los conceptos de hablante y oyente entroncan con la dimensión social de la comunicación y constituyen dos figuras mucho más amplias que las anteriores, pues el hablante no se queda sordo mientras emite, esto es, sigue recibiendo, y algo similar le ocurre al oyente, que sigue estando capacitado para emitir sonidos.

Por lo tanto, tales figuras discursivas se correlacionan con el tipo de unidades emitidas y ayudan a distinguirlas. De este modo, la *reacción* de un *emisor* a un enunciado constituye una *intervención*; la *aceptación* de un enunciado por parte de un *oyente* es un *turno*. Así se representa en Briz y grupo Val.Es.Co. (2003: 21):

Figura	Unidad	Criterio básico
emisor	intervención	reacción
hablante	turno	aceptación

Figura 16: Figuras, unidades y criterios que las definen, según Val.Es.Co.

Frente a otros modelos expuestos, la propuesta de Val.Es.Co. asume que el hablante y el oyente son al tiempo emisores y receptores constantes. Adquieren un sentido dinámico y global gracias a la discriminación de unidades conversacionales y, como consecuencia, los hablantes y oyentes observados en otros enfoques resultan acercamientos parciales a uno de los mecanismos básicos del discurso:

> En la conversación, el oyente no es un mero destinatario del mensaje, un receptor pasivo elegido o seleccionado entre un conjunto de posibles receptores (en el sentido definido por Ducrot, 1986 o Escandell, 1996), sino el elemento primordial a la hora de explicar el intercambio de mensajes orales (Briz y grupo Val.Es.Co., 2003: 22).

Las unidades de la intervención y el turno se completan con las unidades mínimas dialogales: el *intercambio*, sucesión de intervenciones, y la *alternancia de turnos*, sucesión de turnos. Dichas unidades permiten observar el dinamismo conversacional o la retroalimentación, entre otros. En el caso que nos ocupa nos ayudará a determinar si los enunciados irónico-humorísticos son aceptados y reconocidos como tales por el resto de partipantes en la interacción comunicativa.

Por último, el *diálogo* (Briz, 2007) se entiende como una sucesión de intercambios unidos temáticamente. Una buena parte de estos diálogos constituyen relatos, esto es, historias o narraciones.

7.3. Ironía y humor en la conversación coloquial[1]

Una vez determinadas las unidades de la conversación (intervención, turno, intercambio, alternancia de turnos, diálogo), nos referimos en este epígrafe a la función de la ironía y el humor en la conversación. Partimos de la propuesta de Eisterhold, Attardo y Boxer (2006) y su *Principio de Interrupción Mínima*, según el cual la ironía no se prolonga más allá de una intervención (§ 7.3.1.). Sin embargo, veremos que en el corpus seleccionado abundan los casos donde la ironía es respondida por otros interlocutores, por lo que desempeña una función en la unidad social de la alternancia de turnos (§ 7.3.2.). La aparición de intercambios irónicos facilita la aparición de relatos humorísticos. En estos casos, el humor es la consecuencia de la ironía continuada (§ 7.3.3.).

7.3.1. La ironía en la dimensión estructural

Empleando las herramientas propias del Análisis Conversacional y, en concreto, el modelo desarrollado por Briz y grupo Val.Es.Co. (2003), observamos que la ironía se da a nivel estructural, es decir, como intervención de un emisor en el nivel monológico. Los ejemplos examinados que se ajustan a la unidad estructural *intervención* respetan el *Principio de Interrupción Mínima* (*least disruption principle*) (PIM) (Eisterhold, Attardo y Boxer, 2006). Según este principio, se minimiza la violación del principio de Cooperación al limitar el enunciado irónico con gran frecuencia a una única intervención. El PIM se integra en el principio de No Cooperación propuesto por Attardo (1997) y (1999) y se basa en la siguiente supermáxima: Minimice su violación del principio de cooperación.

Se completa con las siguientes máximas:

---

[1] Aunque buena parte de la información que aparece en este epígrafe fue publicada inicialmente en Ruiz Gurillo (2009a), se han ampliado los datos del corpus de Val.Es.Co. que allí se ofrecían y se ha elaborado un análisis más detallado del empleo del humor en interacción.

1. Limite su violación del principio de cooperación a las unidades conversacionales lo más pequeñas posible (un enunciado, un turno conversacional, un intercambio de habla).
2. Intente vincular la unidad en la que se viola el principio de cooperación con el resto de la interacción, por ejemplo encontrando cierta adecuación con la unidad en la que se viola el principio de cooperación.
3. Limite su violación del principio de cooperación a la distancia más pequeña posible de sus necesidades.
4. Si debe violar una máxima, hágalo en la dirección que espera su audiencia (por ejemplo, diga aquello que su audiencia quiere oír).

Como indican los autores, todas las máximas no se aplican por igual en la ironía, donde son más importantes la 3 y la 4. A continuación intentaremos mostrar cómo funciona este principio a partir de ejemplos de nuestra base de datos en los que se indican las intervenciones y los turnos, de acuerdo con el análisis de Briz y grupo Val. Es. Co. (2003). Así por ejemplo en (1), el enunciado irónico forma parte de una única intervención, la de B, que no se convierte en turno. Los hablantes dialogan sobre alguien que no está presente en la conversación, El Mosca, que era especialista en eructar y en escupir:

    (46) 1 C1: el que era capaz de de montar una frase/ y hasta cantar una canción en- con eructos era
        [el Mosca[2] ¿eh?]
    2 D1:   [el Mosca]/ el Mosca sí
    3 A1: ése era un cerdo
        D2: [(RISAS)]
        B1: [(RISAS)]
    4 C2: [(RISAS)] escupir y eructar↑era algo→ era algo innato en él
        B2: [**caballeros así ya no salen**]
    5 D3: [y y y] y Emiliano se mos- amos- a veces se mosqueaba con él// MOSCA↓ ¿A QUE NO LE TIRAS A ESE A ESA (RISAS) farola un gapo↓ ?/ y PAAA[3] y verde
        A2: mm[4]§
    6 D4:   § y el mo- y el Emiliano→ /*yo también* / y salpicaba a to'l mundo↓ (RISAS) y hacía PRRR[5] (RISAS) Emiliano[6]

---

[2] Apodo de un amigo no presente en la conversación.

[3] Sonido que reproduce la acción de escupir.

[4] Asentimiento.

[5] Reproduce la acción de escupir y salpicar con saliva.

[6] Tosiendo.

7 C3: es verdad ¡cómo nos reíamos!
(Briz y grupo Val.Es.Co. 2002, 63 [H.38.A.1:530-545])

En (46), D es el hablante que está contando la historia acerca de El Mosca a lo largo de una secuencia narrativa. El resto colabora con contribuciones mínimas. En este contexto participa B. Su intervención irónica (B2) se encuentra solapada con la de D que es, en este caso, el que acaba ocupando el turno de habla. La ironía se limita, por tanto, a una única unidad estructural, la intervención; se encuentra ligada con lo dicho anteriormente por C; asimismo, la violación va en la dirección que la audiencia espera, pues es una conversación muy irónica, gracias a su carácter coloquial prototípico[7]. Ahora bien, como indican Eisterhold, Attardo y Boxer (2006), la ironía de (46) incumple la máxima 3, pues recurre a la exageración. La intervención irónica se apoya en la polisemia de *caballeros* para producir ironía (inversión del principio de Informatividad): resulta dudoso que El Mosca sea un caballero, a juzgar por sus hazañas de escupir y eructar.

También en (47) se cumple el PIM, aunque la intervención acaba convirtiéndose en turno. En este caso se trata de una secuencia de carácter básicamente argumentativo, donde los participantes G y E discuten acerca del racismo. E ha confesado que es racista, pero G está intentando convencerla de que eso que ella siente no es racismo; tal vez es miedo:

(47) 1 G1: [pero e- el racismo-] tú a lo mejor lo quee quieres decir no es- no es que no- que seas racista↑/ sino que simplemente pues por el color pues- porque supongo yo que→/ lo que le hacen por ejemplo en Sudáfrica a los negros↑ ¿no estarás de acuerdo?
2 E1: no estoy DE ACUERDO/ pero yo veo un negro↑/ (( ))
3 G2: eso no es racismo↓ eso es simplemente pues yo qué sé§
4 E2:   § que te llama un poco [la atención]
5 G3:   [que- que] el color pues no te atrae// [y ya está]
6 E3:   [sí que] que no lo aprecio/ porque ya ves/ yo no estoy de acuerdo con que les hagan esto/// a(de)más ¡pobr- pobre gente! yo qué sé
7 G4: incluso si tú pudieras ayudarle↑/ pues les [ayudarías=]
    E5:   [sí↓ sí]
   G4: = en un momento dao ¿no?
8 E6: sí↓ que sí↓ lo tengo muy claro/ además yo- yo veo unn negro

---

[7] Puede verse un análisis de la ironía de esta conversación en Ruiz Gurillo (2006: 115-135).

por ahí vendiendo↑/ y si- si veo algo que me mola/ la- soy la primera en comprárselo y no le regateo
  G5: **aa [tres o cuatro=]**
  E7:   [o sea que→]
7 G5: = **metros**[8]/ *oye↓ a ver a ver si*§
8 E8:   § noo/ me acerco tranquilamente peroo/ yo qué sée// los ves y y te da una
  cosa por dentro que→// y no sé por qué/
(Briz y grupo Val.Es.Co. 2002, 101-102) [L.15.A.2:829-852])

Tras la ilustración que añade E, donde indica que sí que intenta ayudar a los negros cuando los ve vendiendo por la calle, se produce la intervención de G5, donde ironiza sobre la distancia física que debe mediar entre un vendedor y un comprador. Tres o cuatro metros es una cantidad excesiva para poder negociar y conseguir comprar algo. En este enunciado irónico se valora principalmente el conocimiento del contexto sociocultural, pues hay que saber cuál es la distancia que debe mediar en España entre un vendedor y un comprador. Ya que se alude a un hecho físico, también se hace ironía de la situación concreta a la que se refiere E. A continuación, usa el discurso directo con función ilustradora de lo que hubiera dicho E en esa situación. De esta manera, se invierte el principio de Cantidad, en concreto los cuantificadores producen un contraste entre lo dicho y lo esperable. Asimismo, en (47) se cumple el PIM: se minimiza la violación del principio de cooperación a una sola intervención que se relaciona con las intervenciones previas de E y con las siguientes; no se cumple la máxima 3, pues se utiliza la exageración para hacer ironía.

A pesar del poder explicativo del PIM, un gran número de los fragmentos irónicos analizados en el corpus de Val.Es.Co. (49.1%) lo incumplen, pues la ironía no se limita a una única intervención, sino que ocupa varias de diversos participantes. La aceptación de la ironía conlleva, asimismo, que las intervenciones sean, en la dimensión social, turnos de habla. Decididamente, el planteamiento del PIM está supeditado a los datos manejados por Eisterhold, Attardo y Boxer (2006)[9], por lo que es presumible que el examen detallado de conversaciones coloquiales completas arroje otros resultados (véase Folch, en prensa).

---

[8] Irónicamente.

[9] El corpus está formado por 298 fragmentos irónicos o sarcásticos poco extensos (par adyacente) extraídos de conversaciones cara a cara, telefónicas, intervenciones en la radio, correo electrónico, etc. En un alto porcentaje de ellos se respeta el PIM y solo un pequeño número de ejemplos se refiere a ironías que se dan entre varios turnos.

Fragmentos irónicos/ humorísticos en el corpus Val. Es.Co.	PIM	no PIM
59	30 (50.8%)	29 (49.1%)

Tabla 1: El Principio de Interrupción Mínima en fragmentos irónicos

7.3.2. La ironía en la dimensión social

En la dimensión social, como función conversacional, la ironía es un tipo de evaluación, aunque no siempre negativa (Kotthoff, 2003), ante la que el interlocutor reacciona con una intervención que ocasiona intercambios irónicos más extensos que incumplen el Principio de Interrupción Mínima. En este contexto, la dimensión social de las unidades conversacionales establecido por Briz y grupo Val.Es.Co. (2003), en concreto el criterio de reconocimiento del turno, la *aceptación*, discrimina un tipo de ironía que sirve para afianzar los lazos de camaradería (Jorgensen, 1996[10]; Anolli *et alii*, 2001; Alvarado, 2005) y ante la que el interlocutor responde a lo dicho o a lo implicado a lo largo de uno o más intercambios. En este sentido, cabe resaltar el papel que desempeñan los indicadores en la recepción de la ironía (Schoentjes, 2003; Ruiz Gurillo, Marimón, Padilla y Timofeeva, 2004) y, en consecuencia, desmentir que la llamada *ironía continuada* solo se encuentra en textos de gran elaboración como los géneros periodísticos o literarios.

Cuando la ironía no es cosa de una única intervención, sino de más de una, entran en juego diversos aspectos de inferencia. Por un lado, el participante que responde a la ironía puede hacerlo a lo dicho o a lo implicado (Kotthoff, 2003). También puede optar por una respuesta mixta de las dos anteriores, una respuesta ambigua o por la risa. Cómo se responde nos ofrece el acceso al procesamiento que se hace de la ironía. Según el corpus manejado por Kotthoff (2003), en conversaciones privadas se responde preferentemente a

---

[10] Los experimentos elaborados por Jorgensen (1996) demuestran que en la interacción conversacional no resulta extraño el empleo de ironía sarcástica. Antes al contrario, se puede usar como elemento de cortesía que cumple una función de protección de la imagen, ya que el hablante aparece como menos grosero e injusto, sobre todo cuando expresa una crítica trivial. Todo ello contradice la postura defendida por Brown y Levinson (1987).

lo dicho, mientras que en debates públicos se hace a lo implicado[11]. Tal vez se deba a la inmediatez y a la ausencia de planificación de los primeros frente a los segundos[12].

Nuestros datos arrojan un porcentaje bastante igualado entre los fragmentos irónicos donde se responde a lo dicho y donde se hace a lo implicado, de un modo similar a como refleja el análisis de Kotthoff (2003) para conversaciones privadas[13]:

Así por ejemplo, en (48), A responde a lo dicho por C. Los participantes están comiendo en la playa. El comentario sobre los bocadillos que llevan para comer (de habas con pollo, de jamón y queso, de tortilla de ajos tiernos, de tortilla de espárragos) conduce al juego lingüístico en torno a la expresión "freír espárragos":

(48) 1   A1: mi tortilla de ajos tiernos→
2   D1: sí↓ yoo↑ habas/ con pollo§
3   A2:   § ¿tú de qué la tienes?
4   C1: de espárragos
    D1: [(RISAS) de ESPÁRRAGOS↓ la tiene de ESPÁRRAGOS]
    B1: [(RISAS) yo me limito al jamón y queso↓ nano]
5   A3: como Víctor[14]
6   **C2: yo mando a freír espárragos**
7   A4: ¿quién los ha freído?// ¿tu madre te ha mandado a freír espá[rragos?]
8   C3:   [no/ yo] he mandao a mi madre freír espárragos
9   A5: ¿la has mandado a freír espárragos↑ o le has mandado FREÍR espárragos?

---

[11] La autora analizó 51 secuencias irónicas pertenecientes a conversaciones privadas y 24 secuencias irónicas que provenían de debates de televisión. En las conversaciones, la respuesta más habitual era a lo dicho (50.9%), mientras que en los debates se respondía preferentemente a lo implicado (58.3%). También apoyan esta idea Giora y Gur (2003) que, desde la *hipótesis de la prominencia* (*salience hyphotesis*), consideran que en entornos espontáneos se responde con mayor frecuencia a la interpretación literal o prominente de la ironía. Ello demuestra que el significado literal no se suprime en la recepción, sino que se tiene en cuenta en la información contextual.

[12] La ausencia de planificación y la inmediatez forman parte del conjunto de rasgos primarios descritos por Val.Es.Co. para caracterizar la conversación coloquial (Briz y grupo Val. Es.Co., 2003: 17-19).

[13] En nuestro caso hemos integrado en las dos posibilidades de la tabla (respuesta a lo dicho/a lo implicado) las ocurrencias encontradas para los otros casos examinados por Kotthoff (2003) (respuestas mixtas, respuestas ambiguas y risas). Por un lado, no se documenta en nuestro corpus una intervención única para risas, ya que estas conforman la respuesta junto con enunciados verbales. Por otro, la colaboración irónica de más de dos participantes determina la valoración conjunta de la respuesta, a lo dicho o a lo implicado.

[14] Alusión al nombre de un bar donde los interlocutores acostumbran a comer bocadillos.

10 C4: le he mandado/ freír espárragos
11 D2: ¿peroo espárragos tomateros?// ¿no sabes cuáles son los tomateros?
12 C5: [sí (RISAS)]
(Briz y grupo Val.Es.Co. 2002, 58 [H.38.A.1:312-328])

Toda la ironía gira en torno a la unidad fraseológica *mandar a freír espárragos*. Su homófono literal es *mandar freír espárragos*. Esta diferencia en la forma lingüística es la que aprovechan los hablantes para generar ironía. Se implica tanto la polisemia como la homonimia. De hecho, se trata de una inversión del principio de Informatividad, ya que se multiplican los referentes y se juega humorísticamente con los dobles sentidos. Los diversos participantes, especialmente C, A y D, colaboran en la ironía. La pregunta de A en 7A4 está plenamente justificada, pues *mandar a tu madre a freír espárragos* significa 'ignorarla', 'no querer saber nada de ella' y, en este caso, la madre ha cuidado bien de su hijo al prepararle para comer, no cualquier bocadillo, sino un bocadillo de tortilla con ajos tiernos. Por ello, se desarrolla una secuencia de inserción de carácter irónico acerca de lo que se ha de inferir de la intervención 6C2 ("yo mando a freír espárragos") en la que C y A responden, preferentemente, a lo dicho, no a lo implicado. La ironía se prolonga a lo largo de 7 turnos de habla.

También continúa la ironía en (49), aunque en este caso se responde a lo implicado. El comentario de B acerca de la fumigación que lleva a cabo un helicóptero en la zona donde se encuentran provoca que el resto de participantes hablen de sus propias ventosidades y del olor que desprenden:

(49) 1 B1: ¡joder el del helicóptero↓ tío!
2 A1: están infectando la- el ozono↓ ¡coño!/ y luego dicen que no nos echemos espráis[15]
3 D1: porque tú te tiras cada ((cuesco)) →/ que eso sí→
4 B1: eso sí que destruye la capa de ozono (( ))[16]
   B2: [(RISAS)=]
   C1: [(RISAS)]
5 B2: = eso sí que es ((cloro)) puro carbono↓ nano§
6 D2:   § (RISAS) eso sí es ozono (RISAS)
7 A2: eso es bueno/ porque es- es sustancia orgánica
   B3: (RISAS)
8 D3: ¡hostia! si es orgánica

---
[15] Adaptación fonética de *spray*.
[16] Entre risas.

9 B4: sí y dice y además dice *SUSTANCIA↓* tío↓ **coon [retintín]**
A3: [(RISAS)]
D4: [comerás↑] comerás gloria/ peroo§
B5: § además [con retintín/
SUSTANCIA↓ nano]
A4: [es sustancia↓
es sustancia] gaseosa
(Briz y grupo Val.Es.Co. 2002, 60 [H.38.A.1:392-412])

El fragmento en su conjunto es irónico. La ironía se prolonga a lo largo de 14 intervenciones donde todos los participantes colaboran. El comentario técnico de A de que los sprays destruyen la capa de ozono conduce al comentario irónico y continuado de que las ventosidades también destruyen la capa de ozono. Esta estrategia empleada por A es la que continúan el resto de los hablantes. Principalmente, actúa la inversión del principio de Manera, pues se emplea un término técnico como *sustancia orgánica* para hablar de algo vulgar, como las ventosidades. El indicador que suscita la violación del requisito previo de cualidad es *con retintín* que, como acotador, alude a la entonación irónica que ha empleado A. En este caso no se responde a lo dicho, sino principalmente a lo implicado, aunque también se responde de manera mixta o con risas.

En (48) y (49) la ironía no forma parte de una única intervención de un participante, sino que, como turno conversacional, desencadena una interacción irónica en la que colaboran varios participantes. Se trata, por tanto, de una *ironía continuada*, similar desde el punto de vista formal a la de los textos de carácter planificado (artículos de opinión, por ejemplo), aunque diferente desde el punto de vista funcional: se potencia el juego lingüístico a partir de lo dicho o a partir de lo que se ha querido decir. Como bien indica Kotthoff (2003: 1400), la ironía se integra en estos casos en una secuencia humorística, basada en la amistad. Para Anolli *et alii* (2001), la ironía puede emplearse para renegociar la interacción, y aunque puede servir como un ataque o una defensa del ironista, también puede utilizarse para reducir la tensión de las situaciones con una carga emocional fuerte. De hecho, sirve a menudo para que hablante y oyente se vinculen más estrechamente (Gibbs y Colston, 2001: 190). Así pues, la ironía es un tipo de evaluación muy eficaz como recurso argumentativo (Partington, 2007).

Los rasgos conversacionales descritos por Val.Es.Co. para las conversaciones coloquiales prototípicas (véase, por ejemplo, Briz y grupo Val.Es.Co., 2002: 19) justifican sobradamente el empleo de ironía en estos intercambios extensos. En concreto, la relación de igualdad entre los participantes y la relación vivencial de proximidad posibilitan que la ironía no se observe como una agresión hacia el oyente, sino como un modo de afiliación o de solidaridad entre los participantes. Esto explica que sean más frecuentes en nuestro corpus las respuestas irónicas que se desarrollan a lo largo de más de 4 intervenciones que aquellas que respetan el PIM y se reducen, por tanto, a una única intervención. De igual modo indica que en intercambios coloquiales donde gobiernan los rasgos coloquializadores los hablantes están dispuestos a continuar la ironía como una manera humorística de interaccionar con su interlocutor.

7.3.3. El humor como estrategia conversacional

A juicio de Archakis y Tsakona (2005), la TGHV propuesta por Attardo y Raskin no solo puede aplicarse a textos escritos, sino también a corpus orales como la conversación espontánea griega. Los autores consideran que la oposición de guiones es un requisito previo para hablar de humor; el criterio secundario lo constituye el efecto perlocucionario que causa (por ejemplo, la risa). Ambos determinan si nos encontramos ante una narración humorística.

Por lo que atañe a las funciones sociales del humor, Archakis y Tsakona (2005) consideran que las más comunes son la solidaridad y la identidad de grupo. Dado que han adoptado una perspectiva sociolingüística, han podido constatar que son dos las explicaciones que sirven para el humor, ambas integradas en el modelo de la TGHV: la de la incongruencia-resolución, que explica la naturaleza cognitiva del humor, y la de la hostilidad, que explica el empleo del humor como un elemento de hostilidad y de correctivo social.

Veamos si tales aspectos se dan cita en los fragmentos de conversación espontánea de los que se compone nuestro corpus. En muchos de los casos (30), la ironía se circunscribe a una única intervención que no es continuada por el resto de los participantes. Este hecho no favorece, en consecuencia, la aparición de secuencias irónico-humorísticas. Ahora bien, en 29 casos la ironía o el humor no se restringe a una única intervención, pues es continuada a lo largo de diversas intervenciones. De este modo, puede argumentarse que el humor es una consecuencia de la ironía continuada (Alvarado, en prensa), ya que permite prolongar los usos creativos en uno o varios intercambios.

En estas secuencias irónico-humorísticas, 14 se dan entre hombres, 11 entre mujeres y 4 entre un hombre y una mujer. Los hombres manifiestan una tendencia hacia la solidaridad grupal por medio de la ironía y el humor. Con bastante frecuencia hacen ironía sarcástica hacia otros participantes en la conversación o hacia las mujeres, ausentes de la conversación. Ahora bien, los rasgos coloquializadores (igualdad social, relación vivencial de proximidad, marco de interacción no marcado y temática no especializada) neutralizan las posibles inferencias negativas derivadas de estos usos[17]. Las mujeres, por su parte, hacen ironía y humor de los errores lingüísticos cometidos o de las situaciones irónicas. Se detecta en este caso una ironía sarcástica hacia los hombres ausentes. Entre hombres y mujeres son los hombres los que hacen ironía de las observaciones de mujeres en todos los casos. Por lo tanto, se dirige el sarcasmo hacia la interlocutora que, aunque suavizado por los rasgos coloquializadores, se hace más patente que en intercambios irónicos entre hombres.

Fragmentos irónicos/ humorísticos en el corpus Val. Es.Co.	Ironía estructural (1 intervención)	Ironía/humor continuado (más de 1 intervención)		
59	30	29		
		Entre hombres	Entre mujeres	Entre hombres y mujeres
		14	11	4

Tabla 2: Ironía y humor en el corpus de Val.Es.Co.

Los fragmentos irónico-humorísticos donde existe igualdad de género (interacción de hombres, interacción de mujeres) prolon-

---
[17] Como bien indica Attardo (2008: 119), los factores contextuales como la familiaridad y los actos agresivos pueden ser determinantes en las reacciones que se dan al humor (y a la ironía). Para Kerbrat-Orecchioni (2004: 38), junto al contexto, son determinantes en el éxito del humor determinadas características de los interlocutores, como la proximidad afectiva, la connivencia que se manifiesta con los valores comunes y otros valores compartidos.

gan el humor a lo largo de diversas intervenciones. En estos casos, el humor se emplea como una estrategia conversacional y en ellos es evidente la importancia de los rasgos coloquializadores, como la igualdad social, la relación vivencial de proximidad o la temática no especializada. Por ello, el humor ocasiona ciertos efectos, la risa, el más inmediato, y otros como afianzar los lazos entre los participantes. Pese a ello, la hostilidad se dirige a menudo hacia aquel sobre el que se construye el relato.

Vamos a tener en cuenta tales aspectos, junto a las dos condiciones esenciales enunciadas por Archakis y Tsakona (2005) para hablar de una narración humorística, esto es, la oposición de guiones y los efectos del humor, por ejemplo la risa. Con estos elementos vamos a analizar a continuación dos fragmentos: el primero de ellos (50) pertenece a una conversación de hombres y el segundo (51) a una conversación de mujeres.

Cuando la conversación se desarrolla entre hombres jóvenes de menos de 25 años y con un nivel de estudios medio, como ocurre en (50), uno de los temas que favorece el humor es el de las mujeres. De hecho, la conversación a la que pertenece este fragmento está llena de ironía y humor que va dirigido en una buena parte hacia el género femenino. En este fragmento se discute acerca del atractivo de diversas actrices que, en el momento de la grabación, ya no resultan tan atractivas:

> (50) A: BRR[18]/// (1") yo estuve viendoo For Bravo↑[19]/// gran película
> D: ¿For [Bravo?sí]
> A: [y una tía] muy buena§
> B: § ¿eh?/ Eléanor Párquer[20] está buenísima↓ tío// bueno↓ estaba
> A: hombre↓ ahora (RISAS)§
> D: § sí y Florinda Chico↑ ¿qué?
> C: (RISAS)§
> A: § te la regalo↓ ¡macho!
> D: cuando eera joven↑§
> C: § oye↓ no os metáis/que Florinda- Chico/ de joven↑ estaba muy bien/ ¿eh?
> B: [(( ))]
> A: [cuando] tenía catorce años↓ sería/ porque yo la primera foto que la he visto→// ponme un poco deee [fanta]
> D: [de fanta]/// (5") detrás de esto una buena tía↑

---

[18] Fórmula de desprecio.
[19] *Fort Bravo*.
[20] *Eleanor Parker*.

A: o delante
D: (RISAS)
B: o debajo
(Briz y grupo Val.Es.Co. 2002:66-67.[H.38.A.1:649-667]).

Siguiendo a Archakis y Tsakona (2005), en este caso se oponen dos guiones:

ACTRICES ATRACTIVAS
ACTRICES MAYORES Y NO TAN ATRACTIVAS

Lo más interesante del hecho es que la incongruencia que producen se construye de manera colaborativa. De hecho, son los participantes A, C y D quienes construyen este fragmento de humor. Por otra parte, uno de los efectos secundarios es la risa, aunque lo más importante es la colaboración de los diversos participantes en la narración humorística. Las marcas (en concreto, la entonación) y los indicadores (como la polisemia –*delante/detrás*–, los cuantificadores –*buenísima*–) colaboran en crear un texto irónico-humorístico.

En (50) se trata, por tanto, de intervenciones colaborativas que utilizan como estrategia el humor. El caso más evidente de la interrelación entre ironía continuada y humor es el de los relatos humorísticos: constituyen secuencias de historia en las que principalmente uno de lo participantes construye su historia como una narración irónica. Así, en (51) encontramos a dos mujeres jóvenes de menos de 25 años con un nivel de estudios medio. La participante MJ desarrolla un relato acerca de un chico que intenta ligar con todas las mujeres que conoce, incluida MJ:

(51) MJ: es muy pesao// además de verdad§
M: § es un plasta
MJ: es MUY↑/ muy muy pesao/ a(d)emás/ ¡es que no te deja hablar!/// te tiene que contar todas sus historietas amorosas→ cuando es que se las inventa↓/ el otro día/ estaba en la cafetería↓/ estábamos// yy me parece que eraa/ cuando acabábamos un examen↓ o no sé que/ y él estaba en la cafetería↓/ total quee/ nada↓// nos sentamos con él y tal↑// y estábamos allí y se acerca una chica ¿no?/// y hablando hablando↑ oigo como dice laa- laa- la chica esta a él↓/ *eres/ don FANTASIman* [(RISAS=]
M: [(RISAS)]
MJ: = total↓/ que la chica se vac/ y él se queda↓/ pero con los ojos to's abiertos→ se viene para allá y dice/ ¿*sabéis lo que me acaban de decir*?§
M: § (RISAS)

MJ: y yo↑ ¿qué?/ dice que *soy don fantasiman*/ dice ¡*que tengo mucha fantasía*! §
M: § (RISAS)
MJ: pero/ pobrecillo/ to(do) deprimido y digo ¡*madre mía*!/ digo *es que es verdad*§
M: § sí§
MJ: § ¡una fantasía!/ a una amiga mía↑ diciéndole/ noo↓ *es quee*/// *tú no sabes lo que es estar conmigoo* [ee]
M: [sí]/ a mí también me lo sueltaa
MJ: espera↓ espera↓/ *en una chimeneaa→ desNUdos→*// *junto al calor/ del hogar→* pero bueno↓ ¡ASÍ!/ y mi amiga decía *pero BUENO*§
M: §pero TÍO
MJ: *pero este tío*↓/ ¡*pero será guarro*!/ ¿¡*a mí qué me dice*!?/ *si yo paso d' él como de la mierda*↓ tanto es quee/no§
M: § a mí me viene y me dice↑/ *Menchu*↓/ *tú tienes ALgo*/ *que solamente un hombree*/*como yo*/ *puede sacar de ti y tú*↑/ ¡*noo*↓ *si yo soy una puta mierda*↓ *o seaa→ no hay nada que buscar dentro*↓/ *tú tranquilo*↓/ *no te esfuerces*[21]/// *no sé- no- yo sé que tienes mucho dentro*↓/ *y solamente YO*/ *sabría como sacarlo*/ *y tú*/ º(bah)º// ¡*VENga moDEsto*! *baja que sube Ximo*↓ º(*baja un poco*)º §
MJ: § ¡madre mía!/ entonces ¿sale con una tía ahora?
M: ay ¡no sée!
(Corpus de referencia de Val.Es.Co. 180.B.1)

En este caso, sería razonable encontrar una narración seria sobre el chico que ha intentado ligar con MJ. En cambio, tropezamos con un relato donde el chico en cuestión se identifica como *fantasiman* y donde se oponen dos guiones, el ligón "serio" y el ligón *Fantasiman*:

El ligón
El ligón *Fantasiman*

Observamos cómo los fragmentos en discurso directo, pertenecientes a la historia, se van alternando con la evaluación que se lleva a cabo de la historia, tanto en forma de intervenciones acerca del chico del que hablan (*pobrecillo, ¡madre mía!*), como por medio del discurso directo con función ilustradora (*y tú*↑/ ¡*noo*↓ *si yo soy una puta mierda*↓ *o seaa→ no hay nada que buscar dentro*↓/ *tú tranquilo*↓/ *no te esfuerces*) o incluso apreciativa (*y tú*/ º(*bah*)º// ¡*VENga moDEsto! baja que sube Ximo*↓ º(*baja un poco*)º)[22]. Todo ello bajo un diálogo clara-

---

[21] Entre risas.

[22] Acerca de las funciones no propiamente narrativas del discurso directo en la conversación coloquial, véase Ruiz Gurillo (2006).

mente humorístico donde el chico denominado *Fantasiman* sale muy mal parado a los ojos de las mujeres. Como consecuencia, el humor contribuye a fortalecer los lazos entre las participantes, al tiempo que resulta hostil hacia el personaje en torno al cual gira la narración.

7.4. Conclusiones

En este capítulo hemos visto que la conversación espontánea se revela como un género no humorístico. Ahora bien, el humor es una de las estrategias que puede emplear. La falta de planificación, la espontaneidad, la inmediatez y la retroalimentación ocasionan que, en primer lugar, se observe cierta abundancia de intervenciones irónicas que en determinadas ocasiones no son respondidas (50.8%). Sin embargo, en otros casos (49.1%) y gracias a la influencia de rasgos coloquializadores como la igualdad social o la relación vivencial de proximidad, la ironía continúa a lo largo de varias intervenciones, de modo que puede hablarse de intercambios irónicos. La aceptación de la ironía y, en consecuencia, la colaboración entre los participantes para construir tales intercambios, ocasiona efectos humorísticos. De este modo, el humor es la consecuencia de la ironía continuada y la risa es su efecto perlocutivo más inmediato. Algunos de estos intercambios se integran en relatos más amplios, relatos que pueden construirse a partir del humor como estrategia. En ellos se da oposición de dos guiones y las marcas e indicadores contribuyen a crear efectos humorísticos. De hecho, consideramos que los relatos humorísticos muestran el caso paradigmático de humor en la conversación espontánea.

8

LA EXTRAÑA PAREJA: IRONÍA Y HUMOR

8.1. Introducción

En este capítulo nos proponemos presentar el modelo pragmático que ha servido para explicar la ironía en el seno del grupo GRIALE (§ 8.2.) Dicho modelo se apoya en la pragmática neogriceana, principalmente de Levinson (2000), y ha sido desarrollado teóricamente por Rodríguez Rosique (2009). Asume que la ironía, fenómeno propiamente contextual, ocasiona la inversión de los principios conversacionales. Por ello, el hablante u escritor irónico emplea ciertas marcas e indicadores que le ayudarán al destinatario en la comprensión de la ironía. Desde esta concepción de ironía y teniendo en cuenta los resultados obtenidos en los capítulos precedentes, reflexionaremos acerca de la relación entre ironía y humor (§ 8.3.). Si bien es cierto que los investigadores no han determinado con claridad la idiosincrasia de cada uno de estos hechos pragmáticos en contraste con el otro, no es menos cierto que pueden llevarse a cabo ciertas consideraciones que podrían arrojar luz en un campo todavía hoy poco explorado.

8.2. La ironía desde un acercamiento neogriceano[1]

El grupo GRIALE ha propuesto una explicación sistemática de la ironía que se apoya en la pragmática de S. C. Levinson (Rodríguez Rosique, 2009). Sin negar el carácter particularizado de la ironía, consideramos imprescindible recurrir a aquellas inferencias gene-

---

[1] Lo que sigue ha sido publicado en Ruiz Gurillo (2010b) y supone el modelo general adoptado por el grupo GRIALE para explicar la ironía (Véase también <http://www.griale.es>).

ralizables que conllevan la codificación de algunos indicadores y marcas como irónicos[2]. Así pues, la ironía supone la inversión del requisito previo de cualidad que ha de gobernar todo intercambio comunicativo. Dicha inversión repercute, de manera particularizada, en los principios conversacionales de Levinson (2000). Cuando la inversión irónica afecta al principio de Cantidad ("No proporcione una información más débil que el conocimiento del mundo que posee; en concreto, seleccione el elemento más fuerte del paradigma"), ciertos indicadores irónicos como los cuantificadores, determinados sufijos o los encomiásticos se infieren contextualmente de manera negativa. Cuando la inversión afecta al principio de Manera ("Indique una situación normal mediante expresiones no marcadas"), la variación (el cambio de registro, por ejemplo), el empleo de fraseología o de ciertas figuras retóricas (metáfora, hipérbole) activan las inferencias. Cuando la inversión irónica afecta al principio de Informatividad ("Proporcione la información mínima que sea suficiente para conseguir sus propósitos comunicativos"), entran en juego las relaciones semánticas (polisemia, homonimia, antonimia). De este modo, se pueden encontrar ciertos patrones recurrentes en el comportamiento de la ironía, más allá de lo esencialmente contextual. Si bien es cierto que las marcas e indicadores que se analizarán no pueden, por sí mismos, forzar la interpretación irónica, sí colaboran en crear un contexto irónico que el destinatario debe comprender como tal.

La ironía se concibe, por tanto, como fenómeno pragmático que se apoya en indicadores y marcas, por lo que es posible ofrecer una explicación que vaya más allá de los contextos particulares en los que la ironía se produce. Entendemos por *marcas* aquellos elementos que ayudan a la interpretación irónica. Por su parte, los *indicadores* son estructuras de por sí irónicas[3]. Cabe señalar que los indicadores observados por nuestro grupo de investigación, GRIALE, no son iguales; algunos de ellos, como ocurre con ciertas unidades fraseológicas como *cubrirse de gloria* o *estaría bueno* presentan un significado codificado de carácter irónico[4]. Otros elementos

---

[2] Acerca de los indicadores y las marcas, puede consultarse Ruiz Gurillo *et alii* (2004) y Alvarado (2005).

[3] Se encontrará una descripción detallada de las marcas e indicadores de la ironía en Ruiz Gurillo y Padilla García (eds.) (2009, bloque II), referencia a la que remitimos para ampliar los aspectos que se abordarán aquí.

[4] Puede encontrarse un análisis de estas unidades fraseológicas irónicas en Ruiz Gurillo (2009b).

lingüísticos, como es el caso de los sufijos, los elementos escalares o las figuras retóricas que el hablante emplea, no presentan tales significados. Así pues, la mera aparición de estas marcas e indicadores no garantiza un contexto irónico; sin embargo, se ha observado cierta correlación entre su uso y el entorno irónico que el hablante/escritor desea crear para su destinatario. Como se verá, tanto las marcas como los indicadores son recursos lingüísticos comunes que aceptan, por lo general, una interpretación recta, pero en contextos irónicos se convierten en pistas fiables que ayudan al oyente/lector en la interpretación.

Los ejemplos que empleamos pertenecen a la base de datos elaborada por GRIALE que se halla alojada en el área interna de la web <http://www.griale.es>.

8.2.1. La infracción de la máxima de cualidad

Cuando el hablante tiene la intención de ironizar, se sirve fundamentalmente de una marca: el *tono irónico* (Padilla, 2004 y 2009). Lo encontramos reflejado en el ejemplo (52). En él, el hablante B reproduce lo dicho por A en la intervención anterior, pero a ello le añade la burla:

(52) B: ¡ay!/ pos eso/// ¿qué vas a comer tú?
A: ¿yo?/ bocata de ajos
C: ¡yaa vas!/ [(RISAS)]
B: [(RISAS)]
A: ¿y qué? pues a mí me encanta↓/ [((las setas))]
C: [((por eso↓ digo))]
B: a mí también me gustaa
C: en bocata más[5]§
B: § la tortilla de habas↑/ está muy buena→
A: s- sí sí sí sí
B: **sí sí sí sí**[6]
A: se me ha pegado de ti ¿eh↑?§
B: § (RISAS)§
A: § el sí sí sí sí
(Corpus de referencia de Val.Es.Co. 174.A.1, líneas 243-256)

En realidad, la nota del transcriptor evidencia que al repetir las palabras de A, el hablante B añade una entonación expresiva

---

[5] Entre risas.
[6] Repite las palabras de A, en tono irónico.

en la que cabría medir ciertas marcas acústico-melódicas como los cambios en la velocidad de emisión, la frecuencia fundamental de la inflexión del grupo fónico o el volumen o intensidad con que se pronuncia el enunciado. Todo ello da como resultado una *enunciación irónica* (Padilla, 2009: 161).

Como se observa en (52), un mismo enunciado puede pronunciarse de forma no marcada, como en la intervención de A, o de manera irónica, como en la de B. La sola presencia del tono irónico le sirve al resto de los participantes para comprender la ironía. Con ello se está infringiendo el requisito de cualidad ("Diga la verdad"), lo que conlleva la inversión de los principios conversacionales. Como ha mostrado Padilla (2009), el tono irónico no actúa solo en la interpretación, ya que acostumbra a servirse de otras marcas e indicadores que la facilitan.

También diversos gestos nos advierten de la infracción de la cualidad y del consiguiente sentido irónico que han de tomar las palabras. Destacan, entre estos, los gestos de "en sentido irónico" y "entre comillas", así como el interactivo "tú sí que sabes"[7].

Repárese en que tales procedimientos, habituales en la lengua hablada, no funcionan en la lengua escrita. En este caso, el escritor pone en marcha otro tipo de pistas para la inferencia, pistas que traducen el tono irónico. Se trata, fundamentalmente, de marcas tipográficas y de *acotadores*, que, como bien señala Schoentjes (2003), representan en textos escritos el tono irónico del oral.

Cualquiera de las marcas tipográficas (puntuación, o elementos como la negrita, la cursiva, etc.) puede estar al servicio de la ironía, aunque lo que suele encontrarse es la coaparición de diversas de ellas y/o su uso repetido a lo largo de un texto.

En cuanto a los llamados *acotadores literarios*, destacan marcas como *con tono irónico, en sentido irónico, irónicamente, entre comillas, con retintín*, etc. Uno de ellos lo observamos en el ejemplo (53). El periodista, que usa el canal escrito, ha de disponer de diversos medios para transmitir la oralidad del texto de partida, es decir, de las declaraciones del ministro principal de Gibraltar y del ministro de Asuntos Exteriores español. Para ello emplea medios como el discurso directo y el discurso indirecto libre, o recursos tipográficos como las comillas, además del acotador *irónicamente*.

---

[7] Acerca de las marcas paralingüísticas y kinésicas que actúan en la ironía, puede consultarse Cestero (2009).

(53) El ministro principal de Gibraltar, Peter Caruana, calificó ayer de "inaceptable" la oferta española de que el uso militar del aeropuerto gibraltareño sea gestionado conjuntamente por el Reino Unido y España, a cambio del levantamiento de las restricciones militares a la colonia. "Cualquier grado de participación española en el control o uso de las instalaciones militares en Gibraltar, ya sea dentro o fuera del contexto de la OTAN, es inaceptable para Gibraltar", manifestó Caruana a Europa Press.

[...]

El ministro español de Asuntos Exteriores, que compareció en conferencia de prensa con su homólogo suizo Flavio Cotti, calificó de "muy curiosa" la declaración del responsable gibraltareño. "No sabía hasta el momento", añadió **irónicamente**, "que Caruana y las autoridades de Gibraltar tuvieran competencia en materia de Defensa ni en un tema que afecta a la OTAN" (CREA, *El País*, 29 de octubre de 1997).

El acotador *irónicamente* le indica al lector que el discurso directo aquí reproducido se pronunció en un tono irónico y que de este modo se ha de interpretar. Obsérvese cómo el escritor ha hecho un uso consciente del mismo para representar el tono irónico con que el ministro español pronunció el enunciado. De hecho, el hablante/escritor puede hacer un uso reflexivo de los procedimientos que le brinda la lengua para conseguir ciertos fines. El empleo metapragmático de estas marcas es, en consecuencia, un hecho habitual en contextos irónicos[8].

Uno de los acotadores que puede usarse es *con retintín*, que alude específicamente al tono utilizado por los hablantes[9]. En (54) los participantes dialogan acerca de la destrucción de la capa de ozono:

(54) B: ¡joder el del helicóptero! tío!
A: están infectando la- el ozono! ¡coño!/ y luego dicen que no nos echemos espráis[10]
D: porque tú te tiras cada ((cuesco)) →/ que eso sí →
B: eso sí que destruye la capa de ozono (( ))[11]
B: [(RISAS)=]

---

[8] Para Verschueren (2002), la metapragmática estudia el metanivel donde se encuentran los indicadores de conciencia metapragmática de los que el hablante hace un uso consciente y reflexivo. De entre ellos destacan los elementos metadiscursivos o reformuladores, los evidenciales, el uso de metáforas e ironías o el empleo del discurso representado. Para una explicación metapragmática de la ironía, véase Camargo (2009).

[9] El DRAE (2001) define *retintín* como "tonillo o modo de hablar, por lo común para zaherir a alguien".

[10] Inglés, *spray*.

[11] Entre risas.

C: [(RISAS)]
B: = eso sí que es ((cloro)) puro carbono ↓ nano§
D: § (RISAS) eso sí es ozono (RISAS)
A: eso es bueno/ porque es- es sustancia orgánica
B: (RISAS)
D: ¡hostia! si es orgánica
B: sí y dice y además dice SUSTANCIA ↓ tío ↓ **coon retintín**
(Briz y grupo Val.Es.Co., 2002: 60 [H.38.A.1:392-412]).

B utiliza el acotador *con retintín*, lo que muestra que ha entendido el tono irónico empleado por el hablante A en la expresión *sustancia orgánica*.

Por su parte, también los marcadores del discurso y los evidenciales pueden convertirse en marcas que ayudan a la interpretación irónica. Los primeros, como guías de las inferencias, pueden contribuir a ello. Así lo hace *pero* en (55). En el fragmento, que procede de la columna periodística, el autor expresa su molestia por los actos de la Semana Santa que bloquean literalmente la ciudad y critica la actitud abusiva de los participantes y los espectadores de los mismos:

(55) [...] nos obligan a contemplar a montones de siniestros encapuchados, a perturbados que se azotan la desnuda espalda o se hacen clavar alfileres en ella hasta que les brota la sangre (la Iglesia condena el suicidio, **pero**, muy coherente, alienta estos atentados contra uno mismo) [...] (Javier Marías, "Inermes", *El País Semanal*, 8 de mayo de 2005).

En este contexto, *pero* establece un contraste entre los dos argumentos. La interpretación irónica surge precisamente al contraponerlos: la Iglesia condena el suicidio, la Iglesia alienta estos atentados contra uno mismo. La orientación argumentativa se dirige hacia el segundo argumento que se convierte en la conclusión defendida y que viene modificado por *muy coherente*.

En cuanto a los evidenciales, según Santamaría (2009), en el discurso oral priman los directos, mientras que los indirectos son más abundantes en el discurso escrito. No obstante, vamos a ilustrarlo con un ejemplo de evidencial directo en un texto escrito. En (56) se lleva a cabo una enumeración de las profesiones que forman el grupo social implicado en un caso de pederastia:

(56) Por si Su Excelencia no lo supiera [...], los menestralitas son ese envidiado pueblo o grupo social integrado por fontaneritas, electricisomos, carpinteroides, caldereronzos, cristalerienses, gasocitas, persianocolguitas, cortinoides y, **por supuesto**, los no menos precia-

dos desatasconeros (Maruja Torres, "Carta a otro soltero", *El País Semanal*, 6 de febrero de 2005).

La enumeración que cierra *por supuesto* solo se puede interpretar en el sentido irónico de que ese preciado grupo de ciudadanos, comparados con los pueblos bíblicos, no son tan admirables, sino simples trabajadores que se han visto implicados en un caso de pederastia. En este sentido, el evidencial permite sumar al grupo un nuevo elemento ("los no menos preciados desatasconeros") y crear mayores efectos irónicos y humorísticos.

En suma, el empleo de marcas como el tono irónico, la tipografía, los acotadores, los marcadores del discurso o los evidenciales advierten al oyente/lector de que puede encontrarse ante un contexto irónico. Si esto ocurre, es decir, si se infringe la máxima de cualidad, se ven afectados los principios pragmáticos y ello tiene repercusiones sobre el significado. Observaremos a continuación cómo influye la ironía sobre cada uno de ellos por separado.

8.2.2. La inversión del principio de Cantidad

Para Levinson (2000), cada uno de los principios de Cantidad, Informatividad y Manera se compone de una máxima del hablante y de un corolario del interlocutor. En el caso del principio de Cantidad, tenemos lo siguiente (Levinson, 2000: 76):

> Máxima del hablante: No proporcione una información más débil que el conocimiento del mundo que posee; en concreto, seleccione el elemento más fuerte del paradigma.
> Corolario del interlocutor: La información que ha ofrecido el hablante es la más fuerte que este puede hacer.

Cuando dicho principio se ve afectado por la ironía, se ven implicados determinados indicadores entre los que se encuentran los cuantificadores, ciertos sufijos o los encomiásticos. Si bien es cierto que dichos elementos no son indicadores codificados de la ironía, la aparición junto a otros elementos, principalmente cuando se asocian a un tono irónico, facilitan dicha interpretación. Estos procedimientos, sujetos a escalas, invierten de manera particularizada las inferencias que presentan de manera generalizada. Como ha mostrado Rodríguez Rosique (2009), ello conlleva la negación contextual de las mismas. Es lo que ocurre en el ejemplo (57), donde

A ironiza sobre el padre de B, que ha salido con unos pantalones verdes bastante llamativos por la casa:

(57) A: tía está **buenísimo** tu padre con esos pantalones[12] ¿eh?
B: ¿a que sí? estáa§
A: § ¿qué l' ha dao por arreglar la casa hoy[13]?
B: sí hija mía! porque luego le decía mi madre que no hace nada el POBRE/ s´ha puesto hoy →
A: **guapísimo**
B: ¡uy! guapísimo/ [mi padre es **guapísimo**/]
A: [pantalones verdes ↑]
B: =mi padre es guapísimo/ como su hija/ igual
A: (RISAS)
(Corpus de referencia de Val.Es.Co. 235.A.1, líneas 66-76)

La aparición del superlativo en contextos no irónicos supone una escala en la que *buenísimo* o *guapísimo* es el miembro fuerte y *bueno* o *guapo*, el débil que entraña al fuerte. El empleo del miembro más débil implicaría conversacionalmente (por implicatura conversacional generalizada) la negación del miembro más fuerte, es decir, si es guapo no es guapísimo:

guapísimo
↑
|
guapo

Figura 17: Escala estándar (implicatura conversacional generalizada).

En el caso que nos ocupa, la inversión irónica conlleva la inversión contextual de la escala (por implicatura conversacional particularizada), por lo que el uso del miembro más fuerte no entraña el miembro más débil, sino que lo niega. Por ello del uso de *guapísimo* en el ejemplo (57) se infiere que el padre de B no está atractivo con los pantalones verdes:

~~guapo~~
↑
|
guapísimo

Figura 18: Escala invertida (irónica) (implicatura conversacional particularizada).

---
[12] Entre risas.
[13] Entre risas.

También otros elementos sujetos a escalas, entendidas estas en sentido amplio, pueden verse implicados en la inversión del principio de Cantidad que conlleva la ironía, en concreto, los sufijos diminutivos y los encomiásticos y, por tanto, inferirse contextualmente de manera negativa[14]. En (58) los hablantes dialogan acerca de lo que van a cenar:

> (58) C:¿QUÉ no hago macarrones?/ no tengo ganas de hacer macarrones esta noche
> B: ((¿no tienes?))
> C: ¿eh? (RISAS)/// porque tú vah a cenar hoy poco
> B: **poquito**
> C: ¿vees? os hago una tortilla de patata ¿eh?
> B: vale
> C: y cordero↑ torraico↑
> (Briz y Grupo Val.Es.Co., 2002:303 [RV.114.A.1).

La aparición del sufijo diminutivo -*ito* no permite inferir a C que B va a cenar poquito, sino todo lo contrario, es decir, que va a cenar copiosamente. De ahí la respuesta de C, que considera que es mejor hacer una tortilla de patatas para cenar.

Por otra parte, los encomiásticos son elementos valorativos, a menudo adjetivos, aunque también puede tratarse de sustantivos o adverbios. Schoentjes (2003: 143), citando la *Poética* de Platón, enumera adjetivos como *hábil, incomparable, dignísimo, doctísimo, excelente, agradable, valiente, delicioso* o *confortable*; sustantivos como *patrón, hombre honrado, señor, amigo* o *huésped*; y adverbios como *bien, justamente, altamente, completamente, evidentemente* o *extraordinariamente*[15]. Un elemento que podría considerarse un encomiástico aparece en el ejemplo (59), donde los participantes dialogan sobre una persona no presente en la conversación, "el Mosca", que se identifica como "caballero":

> (59)C: el que era capaz de de montar una frase/ y hasta cantar una canción en- con eructos era [el Mosca ¿eh?]
> D: [el Mosca]/ el Mosca sí
> A: ése era un cerdo
> D: [(RISAS)]

---

[14] Acerca de la prefijación y la sufijación como prodecimientos de la ironía, véase Provencio (2009).

[15] Schoentjes (2003: 143) integra los encomiásticos dentro del grupo de las *palabras de alerta*, con las que se puede "exagerar la fuerza de un enunciado o volverlo sospechoso". Las palabras de alerta pueden ser palabras fuera de su registro, encomiásticos, algunos adjetivos valorativos, etc. Para el grupo GRIALE, estas constituyen diversos tipos de indicadores que deben ser analizados de manera pormenorizada.

> B: [(RISAS)]
> C: [(RISAS)] escupir y eructar ↑ era algo ↑ era algo innato en él
> D: [y y y =]
> B: [**caballeros así ya no salen**]
> D: = y Emiliano se mos- amos- a veces se mosqueaba con él// *mosca* ↓
> *¿a que no le tiras a ese a esa (RISAS) farola un gapo* ↓ *?/* y PAAA y verde
> A: mm§
> D: § y el mo- y el Emiliano↑ /yo también / y salpicaba a to'l mundo↑ (RISAS) y hacía PRRR (RISAS) Emiliano
> C: es verdad ¡cómo nos reíamos!
> (Briz y grupo Val.Es.Co., 2002: 63-64. [H.38.A.1:530-545]).

Este personaje no responde al prototipo de caballero al que se alude en el texto, dado que parece ser un especialista en realizar acciones que un verdadero caballero no haría, como escupir o eructar. *Caballero* constituye el miembro superior de una escala pragmática que, debido a la inversión irónica, se niega, y permite inferir que el Mosca no es un caballero. En la interpretación colaboran también otras marcas, como la focalización de *caballeros* o las risas[16].

8.2.3. La inversión del principio de Manera

La violación explícita de la cualidad puede actuar también sobre el principio de Manera (Rodríguez Rosique, 2009). Como en otros casos, se compone de una máxima del hablante y de un corolario del interlocutor (Levinson, 2000: 136-137):

> Máxima del hablante: Indique una situación normal mediante expresiones no marcadas.
> Corolario del interlocutor: Una expresión marcada denota una situación no estereotípica.

Cuando dicho principio se infringe, esto es, cuando se usan expresiones marcadas para indicar una situación marcada como la ironía, se ven afectados algunos indicadores como la variación (el cambio de registro, por ejemplo), ciertas figuras retóricas (como la metáfora o la hipérbole) o la fraseología. En este caso, como también ocurre con el principio de Informatividad, la inversión conversacional no conlleva inferencias negativas, sino otro tipo de inferencias que cabe explicar a partir del contexto irónico creado.

---

[16] Acerca de los indicadores y las marcas sintácticas que actúan en la ironía, véase Barrajón (2009).

El cambio de registro es uno de los elementos implicados. La selección de términos técnicos en un texto coloquial, las expresiones arcaicas en artículos de plena actualidad o el empleo de *usted* para dirigirse a alguien muy cercano pueden considerarse indicadores de ironía[17]. En (60) asistimos a una crónica de actualidad acerca de la princesa Letizia, que ha dejado de ser la periodista Letizia Ortiz al casarse con el príncipe de la monarquía española, Felipe de Borbón:

> (60) Mientras fue la ciudadana Letizia Ortiz, era una mujer batalladora y, **por lo que refieren de ella**, audaz y ambiciosa. En el paso de la ciudadana a princesa se nos presentó como alguien que había luchado mucho y muy duro para llegar adonde había llegado. Y así, en el **breve interregno** de su noviazgo, **en el tránsito de su sangre de roja a azul**, ocurrió algo que llamó poderosamente la atención de millones de personas pendientes de tal cuento de hadas. Pudimos verla entonces en **inaudito trance**. Ocurrió un día, mientras su entonces prometido príncipe de Asturias estaba, como suele decirse, en posesión de la palabra. Se la arrebató ella ante un buen número de periodistas, cámaras y micrófonos, y no sólo **osó** hacer eso, sino que se permitió corregir, matizar, añadir algo a lo que él decía [...]. La princesa de Asturias **no ha vuelto a abrir la boca**. (Andrés Trapiello, "La princesa está triste", *Magazine*, 7 de noviembre de 2004).

La selección léxica, pretendidamente arcaica (*por lo que refieren de ella, breve interregno, en el tránsito de su sangre de roja a azul, inaudito trance, osó hacer algo*) nos recuerda los cuentos de hadas y se contrapone a un léxico más informal (*no ha vuelto a abrir la boca*). El empleo de expresiones marcadas, ya desde el título ("La princesa está triste") nos pone sobre la pista del sentido irónico del texto, necesario para su correcta interpretación.

También la infracción intencionada del principio de Manera se revela en el uso de expresiones marcadas como las que aparecen en (61):

> (61) <E1>: ¿Tienes algún problema grave de salud, o (–>)... <*risas*>?
> <H1>: Tengo una **arritmia extrasistólica... sin cardiopatía de base** <*risas*>. Eso es lo que pone en los papeles... pero nada grave. Puedo donar sangre <*risas*> <*ruido*>.
> (Corpus COVJA).

En esta entrevista, H1, estudiante de enfermería, responde a la

---

[17] Afirma Schoentjes (2003: 148): "El cambio de registro que se observa, por ejemplo, cuando uno se dirige a uno muy cercano hablándole de usted, pasando del tono familiar al de la cortesía, marca a las claras la intención ironica". Sobre los efectos de cortesía de la ironía puede consultarse Alvarado (2009).

pregunta empleando lenguaje de especialidad de la medicina para referirse a sus problemas de corazón, en lugar de hacerlo de un modo más coloquial. De esta forma, ironiza acerca de sus supuestas dolencias cardíacas.

Otras expresiones marcadas, como las figuras retóricas[18], delatan la intención irónica y la creación de situaciones humorísticas. Así ocurre en (62), donde el autor comenta las graves repercusiones que la obtención de la fama rápida de los *castings* puede ocasionar a las jóvenes, que son capaces de todo con tal de convertirse en modelos y así poder desfilar en las pasarelas. Critica duramente la falta de actuación de la ministra de Sanidad en este problema, frente a su papel en otras campañas destinadas a poner fin a determinadas conductas también perniciosas para la salud:

> (62) Solo se me ocurre atacar el problema de raíz y proponer patrióticamente a la muy ajetreada ministra de Sanidad, Elena Salgado, que vuelva a situarse en la vanguardia **hipermoderna** antes de que los italianos reaccionen, e inicie en la tele una campaña **antifama** en el mismo estilo que sus ya célebres guerras preventivas **antitabaquistas, antidrogas, antialcohólicas, antiautomedicación** y **antianoréxicas**. (Juan Cueto, "Idea para Elena", *El País Semanal*, 15 de octubre de 2006).

En este caso, la hipérbole se concentra en el empleo de los prefijos *hiper-* y *anti-* que nos revelan una gran cantidad de expresiones marcadas, sobre todo a través de la enumeración final de cinco miembros que concentran la crítica.

Por su parte, la fraseología es uno de los indicadores de ironía más efectivos. El significado idiomático de estas unidades puede ser convencionalmente irónico, lo que facilita su empleo en entornos irónicos (Ruiz Gurillo, 2009b)[19] o puede emplearse el recurso de la *desautomatización* para lograr unos efectos más amplios (Timofeeva, 2009). Es el caso de (63), donde se utiliza desautomatizada la unidad fraseológica *no estar muy católico*. Ciertas declaraciones del Papa Benedicto XVI, en las que citaba a un emperador del siglo XIII que afirmaba que la religión islámica incita a la violencia, provocaron en el mundo islámico una ola de protestas, acompañada de actos

---

[18] Schoentjes (2003: 148) señala que ciertas figuras retóricas ligadas a las modificaciones de sentido siempre se relacionan con la ironía. Entre otras, menciona la hipérbole, la lítote y el oxímoron.

[19] Algunas de las unidades fraseológicas convencionalmente irónicas son *mosquita muerta*, *cubrirse de gloria*, *para variar* o *estaría bueno*.

de violencia contra los símbolos cristianos, e incluso, contra algunos representantes del catolicismo:

> (63) El Papa, desde el fin de semana pasado, lleva pedidas tantas disculpas, que Iberia le ha ofrecido un puesto en atención al cliente. Hay que decir que Benedicto 16, quince en Canarias, con sus últimas declaraciones **no ha estado muy católico** (A. Buenafuente, "Papa, no corras", *El País, Domingo*, 24 de septiembre de 2006).

En este artículo todo es irónico, desde el título. Andreu Buenafuente evalúa la situación que el Papa ha creado con sus declaraciones por medio de la locución verbal *no estar muy católico*, que se emplea simultáneamente en su sentido figurado y marcado de "no estar bueno. Referido a la salud de una persona o al estado de una cosa" (DFDEA, 2004: 266) y en su sentido literal de 'no ser muy católico', cosa extraña aplicada al representante máximo de todos los católicos.

8.2.4. La inversión del principio de Informatividad

Por último, también el principio de Informatividad, principio de refuerzo que permite al interlocutor que complete el significado a partir de las pistas que le ofrece el hablante, puede verse afectado por la ironía. Para Levinson (2000: 114), se compone, como en el resto de casos, de una máxima del hablante y de un corolario del interlocutor:

> Máxima del hablante: Proporcione información mínima que sea suficiente para conseguir sus propósitos comunicativos.

> Corolario del interlocutor: Amplíe el contenido de lo enunciado por el hablante hasta encontrar la interpretación específica.

La infracción de dicho principio ocasiona situaciones humorísticas relacionadas con el doble sentido que se pone en marcha al multiplicar los referentes. Por ello, los indicadores semánticos, como la polisemia, la homonimia y otras relaciones semánticas (por ejemplo, la creación de *pseudoabarcadores*, Timofeeva, 2008: 289) pueden verse implicados.

La polisemia es uno de los recursos más utilizados. La multiplicación de referentes favorece el contexto irónico y también los efectos humorísticos. Es lo que ocurre en (64), donde Andreu Buenafuente habla del tenista Rafa Nadal como el rey de la tierra batida:

(64) A Nadal ya le llaman en la prensa **el rey de la tierra**. George Bush está mosqueao, porque cree que el **rey de la Tierra** es él (A. Buenafuente, "A por rusos, oé". *El País*, 18 de junio de 2006).

Nótese cómo en este pequeño fragmento se emplea la expresión *rey de la tierra* con al menos dos sentidos: 'el rey de la tierra batida', referido al tenista Rafa Nadal, y 'el rey del planeta', referido al presidente de Estados Unidos, George Bush. También se observa en este ejemplo cómo los recursos tipográficos favorecen la interpretación específica de cada una de las apariciones de la expresión, en primer lugar en minúscula y en segundo lugar en mayúscula.

El caso de los pseudoabarcadores puede explicarse con un ejemplo como el de (65). Se trata de crear una clase semántica formada por diversos elementos integrados en la misma que no lo agotan, pero que se reinterpretan como si lo hicieran (Timofeeva, 2008: 289). El artículo se basa en la crítica hacia los católicos recalcitrantes, lo que se resume en el título "Meapilas en acción". En este fragmento se promueve que lo que ha conseguido Europa es "vive y deja vivir", frente a las ideas que representan los "meapilas", es decir, los católicos recalcitrantes:

(65) Acaso nosotros los **laicos**, los **reajuntados**, los **solitarios**, los *sesentaynueveístas*, los **sodomitas** y las **gomorritas**, los individuos que aspiramos a la libertad sexual y de culto sin escándalo ni coacción, ¿acaso irrumpimos en sus templos y les gritamos que nos sentimos amenazados por sus rezos, sus cánticos, sus sermones, sus casullas, *clergymen* o tocas, por el olor de sus cirios y de sus flores, sus ceños y su intransigencia? No, y no debemos. Cada cual a lo suyo, sin fastidiar (Maruja Torres. *El País Semanal*, 7 de junio de 2004).

Así, el grupo de "vive y deja vivir" se compone de los laicos, los reajuntados, los solitarios, los *sesentaynueveístas*, los sodomitas y las gomorritas. La clase creada obliga a inferencias particularizadas acerca de los miembros que la integran, solo entendida en clave irónica, esto es, a partir de la asunción de que se ha infringido el requisito previo de cualidad. Por otro lado, la selección léxica, formada por lexemas de creación personal, delata también la infracción del principio de Manera.

8.2.5. Coaparición de indicadores y marcas

A lo largo de los ejemplos comentados, se ha podido constatar que un determinado indicador o marca no se encuentra en solitario como señal de ironía, sino que lo más frecuente es la coaparición conjunta de diversos de ellos, como han evidenciado entre otros, Attardo (2003) o Padilla (2004) y (2009). Así, en (54) el acotador *con retintín* convive con las marcas de la entonación irónica o las risas, al tiempo que con indicadores como el tecnicismo (*sustancia orgánica*) que supone un cambio de registro. El ejemplo (62) utiliza como indicadores la prefijación (*hiper-*, *anti-*) y la enumeración (*antitabaquistas, antidrogas, antialcohólicas, antiautomedicación* y *antianoréxicas*), además de la hipérbole. En (64) la polisemia de *el rey de la tierra* se ayuda de marcas gráficas como la mayúscula. En (65), en fin, el grupo "vive y deja vivir" se asienta sobre un pseudoabarcador y los miembros de la clase conforman derivados léxicos de creación personal.

De este modo, aunque el mero uso de una marca o de un indicador no garantiza la ironía, la aparición conjunta de algunas de ellas facilita las inferencias contextuales que se derivan de este hecho pragmático.

8.2.6. De la ironía al humor

El modelo neogriceano propuesto nos ofrece un punto de vista de este hecho pragmático que entronca con las expresiones verbales y no verbales utilizadas. A partir de la inversión particularizada de los principios pragmáticos se ha observado cómo actúan ciertas marcas e indicadores irónicos, como se expone en la Figura 19.

Figura 19: Modelo neogriceano para la ironía

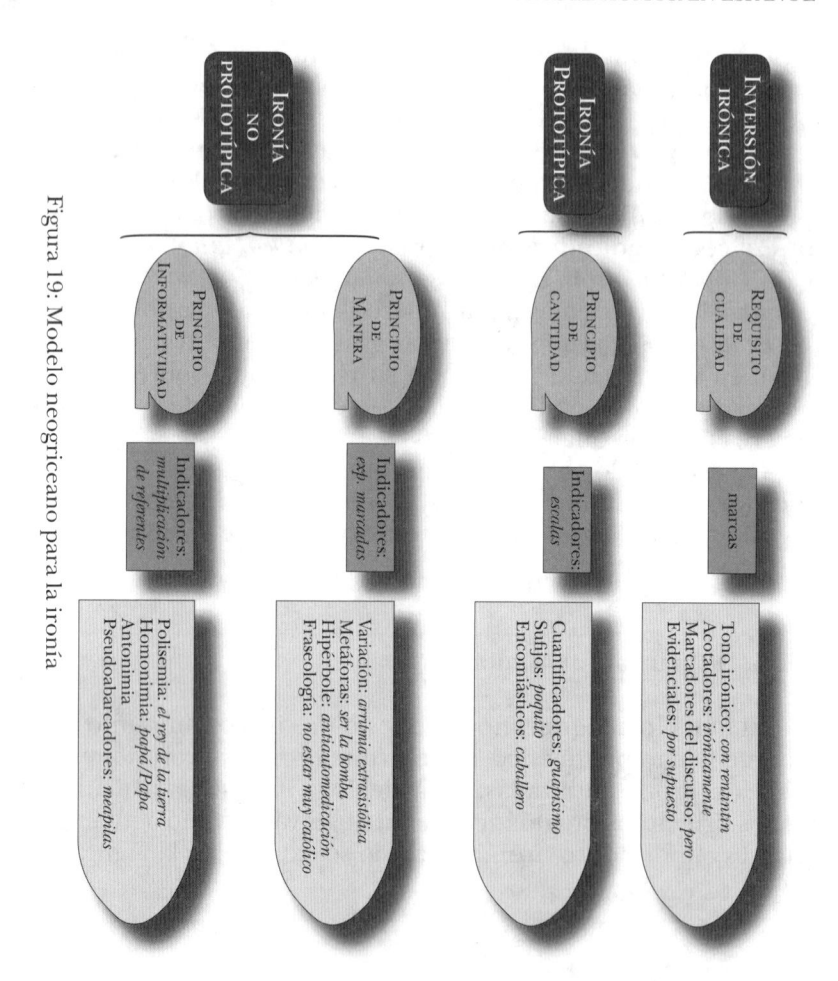

IRONÍA NO PROTOTÍPICA	IRONÍA PROTOTÍPICA	INVERSIÓN IRÓNICA
Principio de Informatividad / **Principio de Manera**	**Principio de Cantidad**	**Requisito de Cualidad**
Indicadores: *multiplicación de referentes* / Indicadores: *exp. marcadas*	Indicadores: *escalas*	marcas
Polisemia: *el rey de la tierra* / Homonimia: *papá/Papa* / Antonimia / Pseudobarcadores: *mefitas* — Variación: *arritmia extrasistólica* / Metáforas: *ser la bomba* / Hipérbole: *antiautomedicación* / Fraseología: *no estar muy católico*	Cuantificadores: *guapísimo* / Sufijos: *poquito* / Encomiásticos: *caballero*	Tono irónico: *con retintín* / Acotadores: *irónicamente* / Marcadores del discurso: *pero* / Evidenciales: *por supuesto*

El acercamiento neogriceano esbozado conlleva ciertas repercusiones teóricas sobre el tratamiento pragmático de la ironía. Por un lado, la discriminación entre marcas e indicadores permite localizar la función de las primeras en el requisito de cualidad y, por ende, relacionarlo con la inversión irónica. Los indicadores, que entroncan con los principios levinsonianos, justifican el tipo de ironía desarrollado. La ironía prototípica, entendida como <decir lo contrario> se relaciona con el principio de Cantidad, pues en él las inferencias contextuales se obtienen por negación. La ironía no prototípica, inferida como <decir otra cosa>, entronca con los principios de Manera e Informatividad que complementan el trabajo pragmático. Así, la ironía prototípica supone la inversión particularizada del principio de Cantidad, lo que conlleva la negación de lo dicho. Otros tipos de ironía suponen la inversión particularizada de los principios de Manera e Informatividad. Dado que el principio de Manera cancela el principio de Informatividad, la mera aparición de expresiones marcadas pone sobre la pista de las inferencias irónicas. A menudo dichas expresiones marcadas multiplican los referentes, debido a su polisemia, lo que repercute sobre el principio de Informatividad. La complementariedad de dichos principios constituye una herramienta teórica que justifica su conexión con las ironías no prototípicas.

Los indicadores implicados en la inversión de los principios de Manera e Informatividad, en especial con este último, crean efectos humorísticos en el texto. Este hecho permitiría localizar las relaciones entre ironía y humor en las ironías no prototípicas y, consecuentemente, explicar el humor a partir de la inversión de los principios de Manera e Informatividad.

8.3. Ironía y humor en contraste

Tras ocuparnos de describir el concepto de ironía que defendemos, nos referimos ahora a las relaciones entre ironía y humor, teniendo en cuenta también los análisis de humor presentados en los capítulos precedentes. De modo general puede afirmarse que, aunque ironía y humor están estrechamente relacionados, se trata de hechos diferentes. El humor puede emplear entre sus recursos la ironía. La ironía, por su parte, puede ser humorística o no. Hay humor sin ironía y hay ironía sin humor. De hecho, el mismo Attardo afirma que ambos muestran intersecciones y que hay casos de ironía humorística, al tiempo que hay casos de humor que no son irónicos. En suma:

> Irony may contribute to the perception of humor in a text (Attardo, 2001a: 122).

Para Padilla y Gironzetti (2010), existen al menos cuatro posibilidades, que recogemos a continuación:

[humor + ironía]

[humor − ironía]

[ironía + humor]

[ironía − humor]

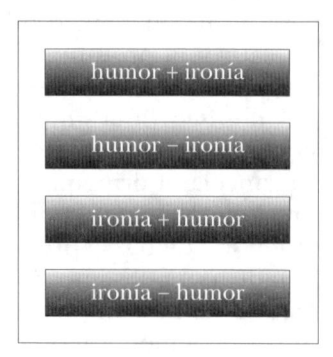

Figura 20: Relaciones entre ironía y humor, según Padilla y Gironzetti (2010)

Si bien es cierto que las fronteras entre ambos fenómenos no quedan claras ni para los hablantes ni, tampoco en muchas ocasiones, para los investigadores, nos apoyaremos en tales nociones para observar lo que los identifica y lo que los diferencia[20]. Así, muchos de los investigadores han partido de los aspectos que identifican ironía y humor para desarrollar seguidamente sus peculiaridades. Por ejemplo, se afirma que ambos son formas de lenguaje figurado que, por tanto, manifiestan un uso creativo del lenguaje (Ritchie, 2005[21]; Brône, Feyaerts y Veale, 2006); ambos son usos ecoicos del lenguaje (Wilson y Sperber, 2004; Curcó, 1995); ambos se integran en los procedimientos pragmáticos de contraste (Colston, 2002) o de negación indirecta (Giora, 1995; Attardo, 2001); como hechos pragmáticos, infringen los principios que gobiernan la comunicación.

Así, pues, tales afirmaciones pueden ordenarse en las siguientes hipótesis:

1. La ironía es un hecho pragmático; el humor es un hecho pragmático y semántico a la vez.

---

[20] La imprecisión, tanto en las definiciones lexicográficas como en las categorías retóricas, queda patente en la revisión que lleva a cabo Charaudeau (2006). También se encontrará una breve historia de las relaciones entre ironía y humor en Hidalgo e Iglesias (2009: 424-426).

[21] Ritchie (2005: 291) considera que tanto la ironía como el humor son violaciones deliberadas de la racionalidad convencional, por lo que "humor, irony, metaphor, metonym, hyperbole, and simple nonsense, to name but a few examples, achieve complex cognitive and social effects in ways that are difficult or impossible to paraphrase as propositions with identifiable truth conditions".

2. La ironía y el humor son usos ecoicos del lenguaje, aunque la diferencia radica en aquello de lo que se hacen eco.
3. Tanto ironía como humor son fenómenos de contraste.
4. Tanto ironía como humor son formas de negación: la ironía es una forma de negación indirecta; el humor es una forma de antonimia.
5. La ironía es una violación del requisito previo de cualidad que gobierna todo intercambio comunicativo. Esta circunstancia desencadena la inversión de los principios pragmáticos de Cantidad, Manera e Informatividad. El humor es un comportamiento humano que se apoya en seis tipos de recursos de conocimiento, entre los que se integra la infracción de los principios pragmáticos.

Abordamos a continuación tales hipótesis a partir del hecho que define las similitudes o diferencias entre ambos fenómenos, esto es, la disciplina o disciplinas que se ven implicadas (§ 8.3.1.), los usos ecoicos (§ 8.3.2), el contraste (§ 8.3.3.), la negación (§ 8.3.4.) o la infracción de los principios pragmáticos (§ 8.3.5.).

8.3.1. Semántica y pragmática

Para Attardo (2001b: 169), la ironía es un fenómeno exclusivamente pragmático, mientras que el humor es un fenómeno pragmático y semántico a la vez. Ambos son fenómenos pragmáticos que funcionan por activación de inferencias y que suponen la violación de los principios conversacionales. Ahora bien, el humor es un fenómeno semántico porque los dos sentidos opuestos de una palabra o expresión se dan *en* el texto. En concreto, se presenta una oposición de guiones que produce una incongruencia que se ha de resolver. En cambio, en la ironía no se encuentran presentes los dos sentidos en el texto.

Así pues, la ironía es un hecho pragmático; el humor es un hecho semántico y pragmático, como representamos en la Figura 21:

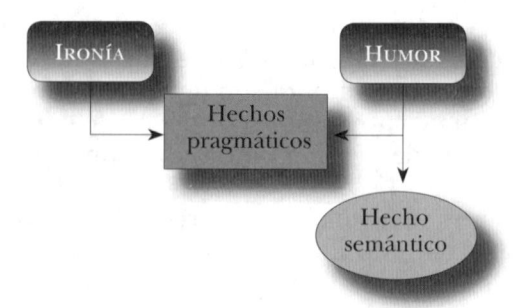

Figura 21: Ironía y humor como hechos pragmáticos y semánticos

8.3.2. Eco

Tanto ironía como humor son formas de distanciamiento que presentan una actitud disociativa (Sperber y Wilson, 1981 y Wilson y Sperber, 2004), en concreto, son usos ecoicos del lenguaje. En cambio, Curcó (1996) considera que la diferencia entre ellos radica en que la ironía hace eco de las asunciones explícitamente comunicadas en el enunciado, mientras que el humor no tiene como blanco de la burla ninguna de dichas asunciones, sino las manifestadas implícitamente. Para Torres Sánchez (1999b: 90), en la ironía existe una actitud crítica con respecto a lo ecoizado; en el humor, una actitud humorística.

De este modo en (66), la nieta, C, ironiza sobre ella misma al considerar que no es tan lista por haber aprobado los exámenes del carnet de conducir. Para ello, hace eco de lo dicho previamente por A, su abuelo:

(66) C: eso- primero pasas la teórica y luego vienen las prácticas
A: síi pero eso- te- tuvo exámeneh tamién ¿no?§
C: § mm/ sí
A: (( ))
C: º(y eso)º
A: ¿y lo aprobasteh todo?/ ¡ayy/ qué lista es!§
C: § sí/ **listísima**§
A: § (RISAS)
C: tuve suerte (7'')
(Briz y grupo Val.Es.Co., 2002:246-247 [BG.210.A.1]).

En cambio en (67), siguiendo la propuesta de Curcó (1996), el humor se apoyaría en las asunciones implícitas:

(67) -¿Cuál es animal que tiene más dientes?
-El ratoncito Pérez (MCHB, pág. 84).

De este modo, para obtener la óptima relevancia del chiste de (67), hay que acudir a las asunciones implícitas que se hacen ostensivas, en concreto, al hecho de que el ratoncito Pérez tiene todos los dientes de leche de los niños.

El caso más representativo de eco en el humor es el de la sátira o el de una de sus formas, la parodia. La parodia, como vimos en el capítulo 6, se hace eco de un texto previo o de un conjunto de conocimientos compartidos. Por ello, diversos autores, entre los que se encuentran Rossen-Knill y Henry (1997) y Simpson (2003: 123 y sigs.) han analizado la parodia como eco irónico. Para los primeros, en la ironía hay una víctima de la burla, mientras que la parodia es neutral. El segundo diferencia varias fases irónicas en la sátira, entre las que se encuentra la ironía ecoica y la ironía opuesta. Para Kalbermatten (2006) y Fernández Jaén (2009), la ironía se concibe como una estructura radial que se encuentra en contacto con otras categorías de la comunicación, como el sarcasmo y la parodia, con las que la ironía prototípica comparte diversos rasgos. La figura 22 resume estos usos ecoicos:

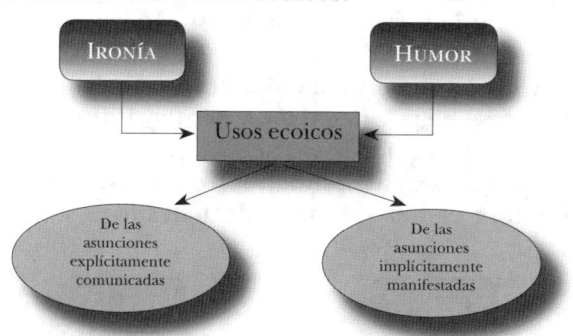

Figura 22: Ironía y humor como usos ecoicos

8.3.3. Contraste

Desde un punto de vista psicológico, ironía y humor son formas de contraste, como otros hechos del lenguaje figurativo (Colston, 2002). El *contraste* es un mecanismo perceptivo-cognitivo que nos permite percibir objetos como si fueran más pequeños cuando se sitúan junto a otros mucho más grandes. El efecto opuesto es la *asimilación*, que permite igualar el tamaño de dos objetos de dimensiones no muy diferentes. Así pues, tanto ironía como humor son percibidos por el destinatario como un contraste entre la situación ofrecida y la situación esperada, o entre el sentido literal y el figurado.

De este modo, si tomamos un vino no muy bueno y respondemos:

(68) A: este es un vino GENIAL, francamente

Nuestro oyente establecerá un contraste entre la situación, que exigía una respuesta cooperativa, como *Este vino es malísimo*, y la que se da en realidad. Por su parte, en el caso del humor se establece un contraste entre los guiones implicados, como ocurre por ejemplo, en el siguiente chiste:

(69) –¿Cuál es el pez que pasa más hambre?
    –La pescadilla. Por eso está continuamente mordiéndose la cola.
    (MCHC, pág. 224)

En (69) se espera una respuesta seria, como *Es el pez...* y se ofrece una respuesta humorística, que se basa al tiempo en el uso literal y figurado de la unidad fraseológica *la pescadilla que se muerde la cola*.

Para Rodríguez Rosique y Bagué (en prensa), tanto ironía como humor son procedimientos de contraste; la diferencia radica en que la ironía se da por negación y el humor por sustitución. Así, la ironía se caracteriza por la violación ostensible de la máxima de cualidad, lo que ocasiona en muchos de los casos inferencias negativas; en el humor el marco semántico activado es sustituido por un nuevo marco.

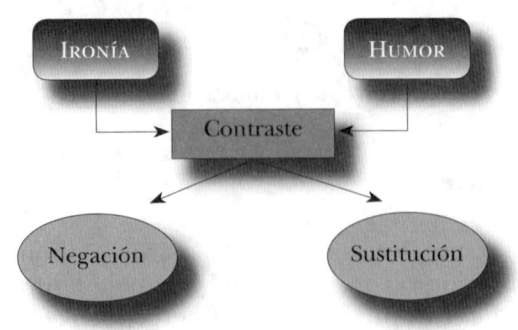

Figura 23: Ironía y humor como contraste

8.3.4. Negación

Otra forma de explicar lo que tienen en común ironía y humor es hacerlo como fenómenos basados en la negación. Para Giora (1995), la ironía es una forma de negación indirecta[22]. Esta propuesta recoge las asunciones de la retórica clásica y, en cierto modo, las de la pragmática de Grice. En este sentido, y de acuerdo con Giora (1995), Attardo (2001a: 122) explica ironía y humor como hechos de negación:

> If irony is a form of indirect negation and humor is based (in part) on local antonymy, it follows that both humor and irony include negation as a significant constituent of the phenomenon.

La definición como hechos negativos permite, no obstante, establecer una distinción: de acuerdo con las palabras de Attardo, la ironía es una forma de negación indirecta, de modo que a menudo se emplea un elemento negado que constituye a su vez el extremo de una escala. Ello significa que no es suficiente con que aparezca la negación; es necesario que se combine con la escalaridad. De este modo, la asociación de negación y escalaridad conlleva una interpretación irónica, según la cual se afirma lo contrario de lo dicho (Rodríguez Rosique, 2009 y Rodríguez Rosique y Bagué, en prensa).

Por lo que se refiere a la definición del humor como una forma de antonimia, se apoya en las consideraciones iniciales de Raskin (1985). Como vimos, dicha definición ha sido mejorada gracias a la propuesta de Attardo, Hempelmann y Di Maio (2002), que establecen una taxonomía de mecanismos lógicos sobre los que se fundamenta la oposición de guiones. En este caso, la antonimia es uno de los posibles mecanismos lógicos que emplea el humor, junto a otros como la yuxtaposición, la analogía o el paralelismo.

Así, en (70) las inferencias negativas se obtienen por la inversión de la escala a la que pertenece *buenísimo*. En él los hablantes dialogan sobre las veces que se lesionó uno de ellos:

> (70) [*T2, H, 3,Me, EE, E*]: En el mismo año, tres. En el noventa y uno. Caí *tres veces*.
> [*T1, M, 3,Su, EE, E*]: **¡Fue un año buenísimo!**
> (Corpus *ALCORE*, 2002: 478).

---

[22] Curcó (2000) compara las propuestas de la ironía como negación indirecta y como eco y considera que esta última, la que avala la Teoría de la Relevancia, explica mejor el fenómeno.

El hablante al decir *¡fue un año buenísimo!* en realidad quiere decir que el 91 no fue un año bueno. En consecuencia, la ironía se infiere como negación.

Por otro lado, las inferencias del texto humorístico de (71) se obtienen por sustitución. Se trata del remate humorístico de la coda de uno de los monólogos de Andreu Buenafuente:

> (71) Jacques Cousteau nos enseñó a cuidar los **fondos marinos**/ pero parece que años después no nos ha servido de nada porque nos hemos vuelto especialistas en quedarnos sin **fondos**[23]// buenas noches (Monólogo de *Buenafuente*. LaSexta. 15 de junio de 2010).

En (71) la obtención de las inferencias pasa por la sustitución del guión:

> Fondo (marino): parte honda del mar con gran riqueza de flora y fauna.

Por este otro:

> Fondo: caudal público de bienes y dinero.

El mecanismo lógico que contribuye a la resolución es el de establecer una falsa analogía basada en la polisemia.

Así pues, dada la relación entre negación y contraste, pueden combinarse ambas en la explicación de la ironía y el humor:

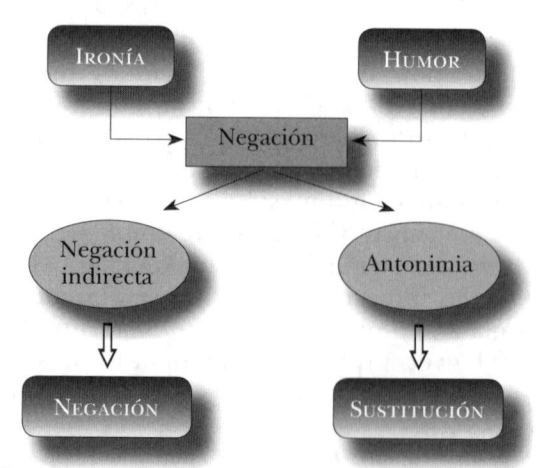

Figura 24: Ironía y humor como negación y contraste

---

[23] Añade un gesto hecho con los dedos índice y pulgar moviéndose de arriba abajo que significa *¿lo pillas?*

8.3.5. Infracción de principios pragmáticos

Desde el modelo neogriceano propuesto por el grupo GRIALE (Rodríguez Rosique, 2009; Ruiz Gurillo, 2010b), la ironía es un hecho pragmático de carácter contextual que invierte los principios conversacionales. De este modo, la infracción del requisito previo de cualidad que gobierna la comunicación desencadena el funcionamiento invertido de los principios pragmáticos propuestos por Levinson (2000). Así, la infracción del principio de Cantidad ocasiona inferencias negativas; la del de Manera y la del de Informatividad, inferencias distintas a las que se hubieran dado si no se hubiera infringido tales principios. Como hemos visto más arriba, en la ironía el hablante o escritor emplea marcas e indicadores que facilitan al lector u oyente la interpretación irónica. Las marcas guían las inferencias irónicas; los indicadores, por su parte, son expresiones contextuales o convencionalmente irónicas.

El humor es, por su parte, un hecho mucho más complejo que el de la ironía. Desde un punto de vista lingüístico, el humor se apoya en seis recursos de conocimiento que permiten al destinatario entender el humor. Siguiendo la propuesta de la TGHV que hemos defendido en este trabajo, en el humor se produce, en primer lugar, una oposición de guiones. De este modo, en un texto humorístico se lleva a cabo una primera fase de establecimiento (o *setup*) a la que sigue una incongruencia. La resolución de la misma surge del enfrentamiento de dos guiones y en ella intervienen un conjunto de mecanismos lógicos. Dichos mecanismos pueden estar basados en relaciones sintagmáticas, como la yuxtaposición, el paralelismo o el quiasmo, o en razonamientos que pueden ser correctos, incorrectos o apoyarse en procedimientos metalingüísticos. No cabe duda de que la situación en la que se produce el texto humorístico y la meta del mismo, esto es, hacia quién va dirigida la burla, son otros dos recursos de conocimiento que cabe considerar. En quinto lugar, las estrategias narrativas que presenta el fragmento humorístico, relativas a los aspectos de registro, género y texto, fundamentan la existencia de géneros propiamente humorísticos, como los chistes o los monólogos humorísticos, y géneros no humorísticos, como la conversación espontánea. En todos los casos, resulta imprescindible observar el último recurso de conocimiento, las elecciones lingüísticas concretas que se han llevado a cabo. Como hemos intentado mostrar en los capítulos precedentes, dichas elecciones entroncan directamente con los mecanismos lógicos implicados y, en consecuencia, contribuyen a resolver la incongruencia de guiones. Por lo que se refiere a los principios pragmáticos implicados en el humor, no cabe duda de que el más importante es el de Informatividad: el humor despliega a menudo múltiples referentes y para ello emplea procedimientos como la polisemia, la antonimia o la ambigüedad. El resto de principios pragmáticos quedan relegados a un segundo plano.

Por lo tanto, tanto ironía como humor son hechos pragmáticos. Sin embargo, en la ironía se infringe primordialmente el principio de Cantidad; en el humor, el principio de Informatividad, como representamos en la Figura 25:

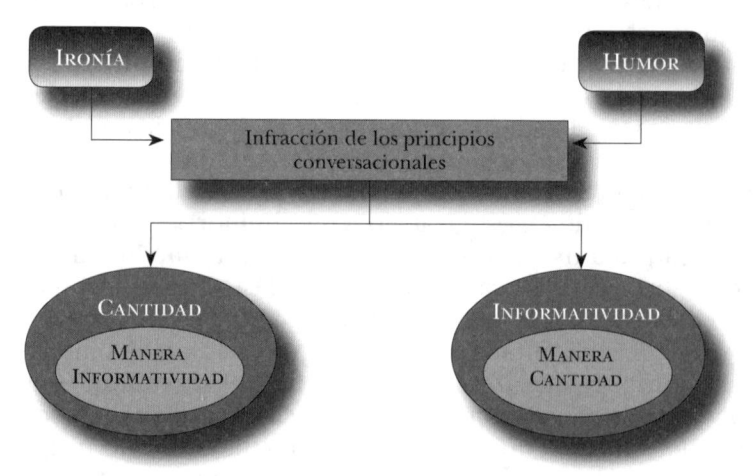

Figura 25: Infracción de los principios conversacionales en la ironía y el humor

8.4. Conclusiones

A lo largo del capítulo 8 hemos descrito la ironía como un hecho contextual que puede explicarse como una infracción de los principios pragmáticos. En concreto, supone la infracción del requisito de cualidad y, como consecuencia de ello, la inversión de los principios de Cantidad, Manera e Informatividad. Asimismo, hemos observado el humor y la ironía en contraste a través de las diversas explicaciones vertidas por los investigadores. Así, hemos observado que la ironía es un hecho pragmático, mientras que el humor es un hecho semántico y pragmático a la vez. Por otra parte, la observación de ambos fenómenos en contraste nos ha conducido por explicaciones que aluden a que se trata de usos ecoicos, de fenómenos de contraste o de negación. Ahora bien, la ironía se hace eco de las asunciones explícitamente comunicadas, mientras que el humor lo hace de las implícitamente manifestadas. En cuanto al contraste, la ironía conlleva inferencias negativas, mientras que el humor requiere la sustitución de un guión por otro. En concreto, la ironía se entiende como negación indirecta, mientras que el humor supone un hecho de antonimia que implica la sustitución de guiones. En cuanto a las inferencias implicadas, en la ironía actúa principalmente la violación del principio de Cantidad; en el humor, en cambio, es la infracción del principio de Informatividad el fenómeno más destacable.

9

CONCLUSIONES

En este trabajo nos hemos ocupado de llevar a cabo un análisis lingüístico del humor en español. Tan importante resulta situar el objeto de estudio como delimitarlo de zonas fronterizas. A estos aspectos hemos dedicado el capítulo 1, en el que se ha centrado la atención en los elementos propiamente lingüísticos del humor. A ello han contribuido las anotaciones de Attardo (1994 y 2008) acerca de las líneas maestras en torno a las cuales ha girado la investigación en los últimos años, líneas que han servido para organizar nuestra aproximación. Una radiografía del humor desde las tres teorías principales, a la que se dedica el capítulo 2, ha contribuido a arrojar luz sobre este campo. En primer lugar, la TGHV, secuela de la TSHG, se ha convertido en los últimos veinte años en la propuesta más influyente. Su éxito radica en determinar si un texto cualquiera puede ser humorístico o no a partir de seis recursos de conocimiento: la oposición de guiones, los mecanismos lógicos, la situación, la meta, la estrategia narrativa y el lenguaje. Dicha propuesta, aplicada en primer lugar a los chistes, se ha extendido a otros géneros, si bien no ha estado exenta de críticas. La más importante procede de la Lingüística Cognitiva, que considera el humor como un uso creativo del lenguaje y tacha el concepto de guión como excesivamente rígido. En su lugar, arbitran un *espacio cognitivo*, entendido principalmente como el *espacio mental* de Gilles Fauconnier o su posterior reformulación como *combinación conceptual* de Fauconnier y Turner (1994). Por último, la Teoría de la Relevancia entiende el humor como un uso ecoico en el que es el principio de relevancia, en especial la búsqueda de relevancia óptima, la que guía al oyente en la interpretación humorística.

Una vez vistas las tres principales teorías del humor, en el capítulo 3 se han discutido críticamente estas, lo que ha conducido a la selección de la TGHV propuesta por Salvatore Attardo y Victor Raskin. Las razones de tal elección radican en que nos interesa, especialmente, contar con una teoría que muestre generalizaciones en el uso y en el reconocimiento del humor, de modo que las marcas e indicadores supongan pistas de tales empleos. Desde nuestro punto de vista, el uso comunicativo del humor es un hecho pragmático global en el que cabe considerar el género elegido, el texto (o secuencia) preponderante, el contexto en el que se emplea dicho género humorístico, a quién se dirige la burla, qué guiones se oponen en la incongruencia y cómo se resuelve dicha incongruencia, qué mecanismos lógicos contribuyen a resolverla, y qué relaciones guardan entre sí dichos mecanismos lógicos con las elecciones lingüísticas y paralingüísticas llevadas a cabo por los hablantes/escritores. Por todo ello, como se ha ilustrado en la Figura 5, se ha revisado la TGHV con aspectos relativos al registro, al género y al texto del discurso humorístico, a las elecciones lingüísticas, entendidas como variabilidad, negociabilidad y adaptabilidad, y con una integración de las marcas e indicadores usados en el humor, elementos estos que entroncan con la infracción de los principios pragmáticos. Se ha defendido que las elecciones lingüísticas son hechos fundamentales de la función comunicativa del lenguaje, de acuerdo con Verschueren (2002 y 2009), y que dichas marcas e indicadores se relacionan estrechamente con las estrategias narrativas y con la situación comunicativa en la que se lleva a cabo el texto humorístico. De igual modo, los mecanismos lógicos se sostienen por medio de estas marcas e indicadores que facilitan el proceso de inferencia. Por lo que afecta a los indicadores humorísticos empleados, resultan muy rentables los que tienen que ver con la multiplicación de referentes, como la polisemia o la ambigüedad. Estos se infieren como una infracción del principio de Informatividad (Levinson, 2000). Ello ocasiona que el resto de principios pragmáticos (el de Manera y el de Cantidad) se supediten en el humor a este principio de refuerzo, el de Informatividad, en torno al cual gira la generación de humor en el texto.

El modelo descrito nos ha permitido analizar tanto géneros humorísticos como no humorísticos. En los capítulos 4, 5 y 6 se han analizado tres géneros propiamente humorísticos: el chiste (capítulo 4), el monólogo (capítulo 5) y el *sketch* televisivo como forma de parodia (capítulo 6). Por otro lado, el capítulo 7 se ha dedicado a la conversación espontánea, forma no propiamente humorística en la que interviene el humor como estrategia.

Hemos defendido que los géneros humorísticos suman a la textualidad del género serio original la idiosincrasia del humor, por lo que son perfectamente identificables como tal por una comunidad de habla. Ahora bien, dicha discriminación, útil metodológicamente, es artificial, pues los diversos géneros, tanto humorísticos como no, muestran conexiones entre ellos. El chiste, forma prototípica del texto humorístico, se ha abordado de acuerdo con la oposición de guiones y los mecanismos lógicos que lo sustentan; a partir de la situación y la meta que persigue; perfilando las estrategias narrativas que pone en marcha; y, en fin, considerando los elementos lingüísticos como elecciones que entroncan con los mecanismos lógicos que se emplean en su constitución y que, en consecuencia, permiten resolver la incongruencia.

En cuanto a los textos más extensos que los chistes, se han tratado como formas de humor idiosincrásicas. El monólogo humorístico, al que se ha dedicado el capítulo 5, se ha abordado específicamente a partir de sus rasgos de registro, género y texto, centrados en una de sus formas más establecidas, *El Club de la Comedia*. Como género de persona a audiencia, presenta un marco espacial (monologuista de pie ante un escenario, vestimenta neutra, iluminación directa, etc.) en el que se lleva a cabo una relación dual con los participantes: por un lado, el monologuista se dirige a un público con el que desarrolla una interacción directa que tiene una estructura similar a la secuencia de historia, lo que ocasiona intervenciones largas del monologuista, apenas interrumpidas por intervenciones fáticas del público que se ríe o aplaude. Por otro lado, el monologuista se dirige a una audiencia, habitualmente televisiva, con la que establece una relación indirecta. Por lo que afecta al registro, es esencialmente una manifestación oral no espontánea para ser dicha como si no estuviera escrita, si bien muestra un carácter dinámico en cuanto a algunos de sus rasgos, como ±planificado, ±retroalimentado y ±dinámico. Asimismo, es inmediato, se produce cara a cara, su fin interpersonal es divertir, se desarrolla en un tono informal y sobre un tema no especializado. El hecho de que se estructure frecuentemente como una narración adaptada a la situación concreta y particular de *El Club de la Comedia*, ocasiona que se organice, al menos, en torno a una presentación, una complicación o nudo de la historia, una evaluación y una coda. Asimismo, hemos observado diferencias entre el guión escrito, que sirve de base a la dramatización, y el monólogo en acción, que se lleva a cabo en el escenario. Por último, y de acuerdo con esta presentación de las estrategias narrativas empleadas, la situación comunicativa en la que se escenifica y la meta o blanco de la burla, se ha realizado un análisis de los mecanismos lógicos que sostienen la oposición de guiones y permiten resolver la incongruencia, y un análisis de los elementos lingüísticos y paralingüísticos, entendidos estos como marcas e indicadores del humor.

En el capítulo 6 se ha analizado la parodia como texto humorístico, más concretamente, la parodia televisiva en forma de *sketch*. La situación en la que se producen dichos textos humorísticos y su función televisiva nos ha servido como marco del análisis. Asimismo, la consideración de que trata de un discurso satírico ha permitido relacionarla con esta forma más amplia. De hecho, el tratamiento de la parodia verbal como acto de habla, de acuerdo con Rossen-Knill y Henry (1997), nos ha facilitado una explicación que hemos integrado en los seis recursos de conocimiento que recoge la TGHV. Así, está compuesta por una representación verbal intencional del objeto de la parodia (tanto la forma lingüística como el blanco de la burla); se hace alarde de dicha representación; y se produce un acto crítico. Estos tres aspectos se restringen en el acto cómico, esencia de la parodia verbal. Con tales fundamentos hemos analizado un *sketch* televisivo que, bajo la forma de un publirreportaje de medicamentos "serios", anuncia dos fármacos anestesiadores de conciencia, *Melasuda* y *Keosden*.

Al análisis de géneros propiamente humorísticos como el chiste, el monólogo o el *sketch*, ha seguido el de la conversación espontánea que se ha analizado en el capítulo 7. Podría decirse que es un género no humorístico, pues el humor no forma parte de su constitución, lo que no impide que este hecho pragmático pueda usarse como estrategia. Esta asunción ocasiona que el reconocimiento del humor pase por seleccionar fragmentos irónico-humorísticos en diversas conversaciones. Los 59 fragmentos observados han sido extractados del corpus de Val.Es.Co., tanto del publicado hasta el momento (Briz y grupo Val.Es.Co., 2002) como el de referencia que está siendo digitalizado. La falta de planificación, la espontaneidad, la inmediatez y la retroalimentación, rasgos primarios de la conversación coloquial, ocasionan que, en primer lugar, se observe cierta abundancia de intervenciones irónicas que en determinadas ocasiones no son respondidas (50.8%). Ahora bien, en otros casos (49.1%), y gracias a la influencia de rasgos coloquializadores como la igualdad social o la relación vivencial de proximidad, la ironía continúa a lo largo de varias intervenciones, de modo que puede hablarse de intercambios irónicos. La aceptación de la ironía y, en consecuencia, la colaboración entre los participantes para construir tales intercambios, ocasiona efectos humorísticos. En consecuencia, hemos considerado que el humor es la consecuencia de la ironía continuada y la risa es su efecto perlocutivo más inmediato. Algunos de estos intercambios se integran en diálogos que presentan forma de relatos; dichos relatos pueden construirse a partir del humor como estrategia. En ellos se da oposición de dos guiones y las marcas e indicadores contribuyen a crear determinados efectos humorísticos (risa, afianzar lazos, etc.). En concreto, los relatos humorísticos se revelan como casos paradigmáticos del humor en la conversación espontánea.

Una vez se han descrito las condiciones en las que se da humor tanto en géneros humorísticos (el chiste, el monólogo, el *sketch*), como no humorísticos (la conversación espontánea), se está en condiciones en el capítulo 8 de abordar teóricamente las relaciones entre ironía y humor. En primer lugar, se expone el modelo de ironía desarrollado a lo largo de los últimos años por el grupo GRIALE. Así, hemos descrito la ironía como un hecho contextual que puede explicarse como una infracción de los principios pragmáticos (Rodríguez Rosique, 2009). En concreto, supone la infracción del requisito de cualidad y, como consecuencia de ello, la inversión de los principios de Cantidad, Manera e Informatividad. En segundo lugar, un repaso por la bibliografía que se ha ocupado de las relaciones entre ironía y humor nos ha permitido ordenar las consideraciones teóricas en torno a las disciplinas implicadas en ellos, al uso ecoico que llevan a cabo, al contraste o a la negación. La exposición elegida de tales argumentos ha permitido combinar algunas de ellas, como la relación entre contraste y negación, con el objeto de concluir que ironía y humor son hechos pragmáticos que funcionan de manera diferenciada. Así, en la ironía se realza la violación del principio de Cantidad; en el humor, en cambio, es la infracción del principio de Informatividad el fenómeno más sobresaliente.

La lingüística del humor no agota en estas páginas todas sus posibilidades. Simplemente, abre una vía para el transeúnte que se adentra en los terrenos de frontera del humor. Acotado a partir de la noción de texto, el chiste, el monólogo, el *sketch* o la conversación son formas de humor que se manifiestan en creaciones planificadas o espontáneas, como los chistes breves, el programa televisivo *El Club de la Comedia*, el *sketch* televisivo de *Saturday Night Live* o las conversaciones coloquiales recogidas por el grupo Val.Es.Co.

BIBLIOGRAFÍA

Fuentes

Alcore= Azorín, D. (Coord.) 2002: *Alicante corpus de referencia. Alcore* (Edición en CD-Rom).
Bdy= Buenafuente, A. (2009): *Digo yo (Los monólogos de La Sexta)*. Barcelona, Planeta.
Bsd= Buenafuente, A. (2010): *Sigo diciendo (Los monólogos de La Sexta)*. Barcelona, Planeta.
Chd= (2010): *Chistes disparatados*. Barcelona, Terapias verdes.
Corpus Val.Es.Co.= Briz, A. y Grupo Val.Es.Co. (2002): *Corpus de conversaciones coloquiales*. Madrid, Arco Libros.
Covja=Azorín, D. y J. L. Jiménez (1997): *Corpus oral de la variedad juvenil universitaria del español hablado en Alicante*. Alicante, Instituto de Cultura Juan Gil Albert.
Dfdea= Seco, M. *et alii* (2004): *Diccionario fraseológico documentado del español actual*, Madrid, Aguilar.
Drae= (2001): *Diccionario de la lengua española:* <www.rae.es> (Fecha de consulta: marzo de 2009).
Ecc= Globo Media/Sogecable (2001): *El Club de la Comedia.* (Presenta: *Ventajas de ser incompetente* y otros monólogos de humor) Madrid, Aguilar.
Eccc= Globo Media/Sogecable (2002): *El Club de la Comedia contraataca*. Madrid, Aguilar.
Eccc2= Globo Media/Sogecable (2011): *El Club de la Comedia.* (Presenta: *Qué mal repartido está el mundo... y el universo, ni te cuento*). Madrid, Aguilar.
Mchb= (2010): *Los mejores chistes breves*. Barcelona, Robin Book.
Mchc= Red, S. (2008): *Los mejores chistes cortos*. Barcelona, Swing.
Youtube= <http://www.youtube.com>.
Wikipedia= <http://es.wikipedia.org>.

Referencias bibliográficas

ADAM, J.-M. y C. U. LORDA (1999): *Lingüística de los textos narrativos*. Barcelona, Ariel.
ADRJAN, P. y J. MUÑOZ-BASOLS (2003): "The Sound of Humor: Linguistic and Semantic Constraints kin the Translation of Phonologial Jokes", *SJY Journal of Linguistics*, 16, págs. 239-246.
ALBA-JUEZ, L. (2001): *The Functions and Strategies of Ironic Discourse: An Analysis*. Madrid, Servicio de Publicaciones de la Universidad Complutense (1ª ed., 1996).
ALIAGA AGUZA, L. (en prensa): "Acercamiento pragmático al humor verbal en el género audiovisual". Comunicación presentada al *Simposio Internacional sobre la Ironía y el Humor* (Alicante, 2011).
ALVARADO ORTEGA, M. B. (2005): "Las marcas de la ironía", *Interlingüística*, 16.
ALVARADO ORTEGA, M. B. (2009): "Ironía y cortesía", en Ruiz Gurillo, L. y Xose A. Padilla García (eds.), págs. 333-345.
ALVARADO ORTEGA, M. B. (2010): *Las fórmulas rutinarias del español: teoría y aplicaciones*. Frankfurt, Peter Lang.
ALVARADO ORTEGA, M. B. (en prensa): "Una propuesta de estudio para el humor en la conversación coloquial", *ELUA*, 26
ALVARADO, B. y X. A. PADILLA GARCÍA (2010): "Being polite trought Irony", *Dialogues in Spanish*. Amsterdam, John Benjamins.
ANOLLI, L., M G. INFANTINO y R. CICERI (2001): "*You're a Real Genius!*: Irony as a Miscommunication Design". In Anolli, L., R. Ciceri y G. Riva (eds.): *Say not Say: New perspectives on miscommunication*. Amsterdam, IOS Press, págs. 141-163.
ARCHAKIS, A. y V. TSAKONA (2005): "Analyzing conversational data in GTVH terms: A new approach to the issue of identity construction via humor", *Humor*, 18-1, págs. 41-68.
ATTARDO, S. (1994): *Linguistic Theories of Humor*. Berlin, Mouton de Gruyter.
ATTARDO, S. (1997): "Locutionay and perlocutionary cooperation: the perlocutionary cooperative principle", *Journal of Pragmatics*, 27, págs. 753-779.
ATTARDO, S. (1999): "The place of cooperation in cognition", *European Conference of Cognitive Science (ECCS'99)*. Siena, Italy, October 27-30, págs. 459-464.
ATTARDO, S. (2001a): *Humorous Texts: A Semantic and Pragmatic Analysis*. Berlin, Mouton de Gruyter.
ATTARDO, S. (2001b): "Humor and Irony in Interaction: From Mode Adoption to Failure of Detection". In Anolli, L., R. Ciceri y G. Riva (eds.): *Say not Say: New perspectives on miscommunication*. Amsterdam, IOS Press, págs. 165-185.

ATTARDO, S. (2003a): "Multimodal markers of irony and sarcasm", *Humor*, 16:2, págs.243-260.
ATTARDO, S. (2003b): "Introduction: the Pragmatics of humor", *Journal of Pragmatics*, 35, págs. 1287-1294.
ATTARDO, S. (2004): "Preface", *Humor*, 17-4 (volumen en homenaje a Victor Raskin), págs. 351-352.
ATTARDO, S. (2006): "Cognitive linguistics and humor", *Humor*, 19-3, págs. 341-362.
ATTARDO, S. (2008): "A primer for the linguistics of humor", en Raskin, V. (ed.): *The Primer of Humor Research*. Berlin, Mouton de Gruyter, págs. 101-155.
ATTARDO, S. J. EISTERHOLD, J. HAY e I. POGGI (2003): "Multimodal markers of irony and sarcasm", *Humor*, 16-2, págs. 243-260.
ATTARDO, S. y V. RASKIN (1991): "Script theory revis(it)ed: Joke similarity and joke representation model", *Humor*, 4 (3-4), págs. 293-347.
ATTARDO, S., Ch. F. HEMPELMANN y S. DI MAIO (2002): "Script oppositions and logical mechanisms: Modelling incongruities and their resolutions", *Humor*, 15-1, págs. 3-46-
BARBE, K. (1995): *Irony in Context*. Amsterdam, John Benjamins.
BARRAJÓN, E. (2009): "La variación sintáctica", en Ruiz Gurillo, L. y Xose A. Padilla García (eds.), págs. 219-239.
BAUER, S. M. (2010): "From jeering to giggling: Spain's dramatic break from a satirical to an avant-garde humor", *Humor*, 23-1, págs. 65-81.
BELL, N. D. (2007): "Humor comprehension: Lessons learned from cross-cultural communication", *Humor*, 20-4, págs. 367-387.
BELL, N. D. (2008): "Responses to failed humor", *Journal of Pragmatics*, 41, págs. 1825-1836.
BERGEN, B. y K. BINSTED (en prensa): "Embodied Grammar and Humor", En Brône, G. T. Veale y K. Feyaerts (eds.): *Cognitive Linguistics and Humor Research*. Berlin, Mouton de Gruyter.
BERGEN, D. (2009): "Gifted children's humor preferences, sense os humor, and comprehension of riddles", *Humor*, 22-4, págs. 419-436.
BERK, R. A. y J. NANDA (2006): "A randomized trial of humor effects on test anxiety and test performance", *Humor*, 19-4, págs. 425-454.
BRIZ y GRUPO VAL.Es.Co. (2003): "Un sistema de unidades para el estudio del lenguaje coloquial", *Oralia*, 6, págs. 7-61.
BRIZ, A. (2007): "La segmentación de una conversación en diálogos", En L. Cortés *et alii* (ed.): *Discurso y oralidad*. Madrid, Arco/Libros, págs. 45-71.
BRIZ, A. (en prensa): "El registro como centro de la variedad situacional. Esbozo de la propuesta del grupo Val.Es.Co. sobre las variedades diafásicas". En Fonte Zarabozo, Irene y Lidia Rodríguez Alfano (Co-

ords.): *Perspectivas dialógicas en estudios del lenguaje.* México, Editorial de la Universidad Autónoma Metropolitana-Iztapalapa.
BROCK, A. (2004): "Analyzing scripts in humorus communication", *Humor,* 17-4, págs. 353-360.
BRÔNE, G. (2008): "Hyper- and misunderstanding in interactional humor", *Journal of Pragmatics,* 40, págs. 2027-2061.
BRÔNE, G. y K. FEYAERTS (2003): "The cognitive linguistics of incongruity resolution: Marked referente-point structures in humor", *Paper delivered at the 8th International Cognitive Linguistics Conference.* (La Rioja (Spain), 20-25 june 2003).
BRÔNE, G., K. FEYAERTS y T. VEALE (2006): "Introduction: Cognitive linguistics approaches to humor", *Humor,* 19-3, págs. 203-228.
BRÔNE, G., K. FEYAERTS y T. VEALE (eds.) (2006): *Cognitive Linguistics meets Humor Research: Current trends and new developments.* Berlin, Mouton de Gruyter.
BROWN, P. y S. LEVINSON (1987): *Politeness: Some universals in language usage* New York, Cambridge University Press (1ª ed., 1978).
BRUKE, P., A. GUREVICH y J. LE GOFF (1999): *Una historia cultural del humor.* Madrid, Ediciones Sequitur.
BRUZOS, A. (2009): "La polifonía", en Ruiz Gurillo, L. y Xose A. Padilla García (eds.), págs. 45-64.
CALSAMIGLIA, H. Y E. TUSÓN (1999): *Las cosas del decir. Manual de análisis del discurso.* Barcelona, Ariel.
CAMARGO, L. (2009): "La metapragmática", en Ruiz Gurillo, L. y Xose A. Padilla García (eds.), págs. 89-107.
CANESTRARI, C. (2010): "Meta-communicative signals and humorous verbal interchanges: A case study", *Humor,* 23, 3, págs. 327-349.
CAPPELI, G. (2008): *"Expats' Talk*: humour and irony in expatriate's travel blog", *Textus,* 21(1) (volumen especial dedicado al humor), págs. 1-21.
CASTELLÓN, H. (2008): "Los monólogos. Algunas notas para su análisis", *Oralia,* 11, págs. 421-436.
CESTERO, A. (2009): "Marcas paralingüísticas y kinésicas de la ironía", en Ruiz Gurillo, L. y Xose A. Padilla García (eds.), págs.167-190.
CHAFE, W. (2009): *The importance of not being earnest. The feeling behind laughter and humor.* Amsterdam, John Benjamins.
CHARAUDEAU, P. (2006): "Des catégories pour l'humour?", *Question de communication,* 10, págs. 19-41.
CHENG, W. (2003): "Humor in intercultural conversations", *Semiotica,* 146-1/4, págs. 287-306.
CHIARO, D. (2008): "Verbally expressed humor and translation", en Raskin, V. (ed.): *The Primer of Humor Research.* Berlin, Mouton de Gruyter, págs. 569-608.

CHIARO, D. y N. R. NORRICK (eds.) (2009): *Humor in interaction*. Amsterdam, Benjamins.
CHOMSKY, N. (1965): *Aspects of the Theory of Syntax*. Cambridge, MIT Press.
CLARK, H. y R. GERRIG (1984): "On the Pretense Theory of Irony", *Journal of Experimental Psychology: General*, 113, 1, págs. 121-126.
CLIFT, R. (1999): "Irony in conversation", *Language in Society*, 28, págs. 523-553.
COLSTON, H. L. (2002): "Contrast and assimilation in verbal irony", *Journal of Pragmatics*, 34, págs. 111-142.
COULSON, S. (2001): *Semantic Leaps: Frame shifting and conceptual blending in meaning construction*. Cambridge, Cambridge University Press.
COULSON, S., T. P. URBACH y M. KUTAS (2006): "Looking back: Joke comprehension and the space structuring model", *Humor*, 19-3, págs. 229-250.
CRAWFORD, M. (2003): "Gender and humor in social context", *Journal of Pragmatics*, 35, págs. 1413-1430.
CRITCHLEY, S. (2004): *De l'humour*. Paris, Éditions Kimé.
CURCÓ, C. (1995): "Some observations on the pragmatics of humorous interpretations. A relevance-theoretic approach." *UCL Working Papers in Linguistics* 7, págs. 27-47.
CURCÓ, C. (1996): "The implicit expression of attitudes, mutual manifestness and verbal humour", *UCL Working Papers in Linguistics* 8, págs. 89-99.
CURCÓ, C. (2000): "Irony: Negation, echo and metarepresentation", *Lingua*, 110, págs. 257-280.
DAVIES C. E. (2003): "How English-learners joke with native speakers: an interactional sociolinguistic perspective on humor as collaborative discourse across cultures", *Journal of Pragmatics*, 35, págs. 1361-1385.
DAVIES C. E. (2006): "Gendered sense of humor as expressed through aesthetic typifications", *Journal of Pragmatics*, 38, págs. 96-113.
DAVIS, D. (2008): "Communication and humor", en Raskin, V. (ed.): *The Primer of Humor Research*. Berlin, Mouton de Gruyter, págs. 543-568.
DE BRUYNE, J. (2009): *El humor en el español formal*. Cáceres, Universidad de Extremadura.
DUCROT, O. (1986): *El decir y lo dicho. Polifonía de la enunciación*. Barcelona, Paidós (1ª ed., 1984).
DYNEL, M. (2008): "Introduction to Special Issue on Humour: A Modest Attempt at Presenting Contemporary Linguistic Approaches to Humour Studies", *Lodz Paper in Pragmatics*, 4. 1. (Special Issue on Humour), págs. 1-12.
DYNEL, M. (ed.) (2011): *The pragmatics of Humour across Discourse Domains*. Amsterdam, John Benjamins.

EASTHOPE, A. (2000): "The English sense of humor? ", *Humor*, 13-1, págs. 59-75.
EISTERHOLD, J., S. ATTARDO y D. BOXER (2006): "Reactions to irony in discourse: evidence for the least disruption principle", *Journal of Pragmatics*, 38, págs. 1239-1256.
ERMIDA, I. (2008): *The language of comic Narratives. Humor Construction in Short Stories*. Berlin, Mouton de Gruyter.
ESCANDELL, Mª V. (1996): *Introducción a la pragmática*. Barcelona, Ariel (1ª ed., 1993).
EVERTS, E. (2003): "Identifying a particular family humor style: A sociolinguistic discourse analysis", *Humor*, 16-4. 369-412.
FAUCONNIER, G. (1984): *Espaces mentaux (Aspects de la construction du sense dans les langues naturelles)*. Paris, Minuit.
FAUCONNIER, G. (1991): "Subdivision cognitive", en Vandeloise, C. (Dir.), *Sémantique cognitive*. Communications, 53, págs. 229-248.
FAUCONNIER, G. y M. TURNER (1994): "Conceptual projections and middle space", *Technical report nº 9401*. San Diego, Dept. of Cognitive Science. University of California at San Diego.
FERGUSON, M. A. y T. E. FORD (2008): "Disparagement humor: A theoretical and empirical review of psychoanalytic, superiority, and social identity theories", *Humor*, 21-3, págs. 283-312.
FERNÁNDEZ DE LA VEGA, C. (2002): *O segredo do humor*. La Voz de Galicia (1ª ed., 1963).
FERNÁNDEZ JAÉN, J. (2009): "Ironía y lingüística cognitiva" en Ruiz Gurillo, L. y Padilla García, X., *Dime cómo ironizas y te diré quién eres. Una aproximación pragmática a la ironía*, Frankfurt, Peter Lang, pp. 391-422.
FEYAERTS, K. (2006): "Towards a Dynamic Account of Phraseological Meaning: Creative Variation in Headlines and Conversational Humour", *International Journal of English Studies*, vol. 6 (1) (Universidad de Murcia), págs. 57-84.
FILLMORE, Ch. J. (1985): "Frames and the semantics of understanding", *Quaderni di Semántica*, 6.2, págs. 222-254.
FOLCH, Mª P. (2011): "Linguistic Mechanisms of Humor in Spanish Colloquial Conversation. Evidence from a corpus", *12th International Pragmatics Conference*, 3-8 de julio de 2011, Manchester.
FOLCH, Mª P. (en prensa): "Marcas del humor en la conversación coloquial española: la prosodia como factor coadyuvante para abrir y mantener el marco humorístico", Comunicación presentada al *Simposio Internacional sobre la Ironía y el Humor* (Alicante, 2011).
FREWEN, P. A., J. Brinker, R. A. Martin y D. J. A. Dozois (2008): "Humor styles and personlity-vulnerability to depression", *Humor*, 21-2, págs. 179-195.
FRY, W. F. (2002): "Humor and brain: A selective review", *Humor*, 15-3, págs. 305-333.

GALLOWAY, G. YD. CHIRICO (2008): "Personality and humor appreciation: Evidence of an association between trait neuroticism and preference for structural features of humor", *Humor*, 21-2, págs. 129-142.
GARCÍA IZQUIERDO, I. (2007): "Los géneros y las lenguas de especialidad (I)", en Alcaraz, E.; J. Mateo y F. Yus (eds.): *Las lenguas profesionales y académicas*. Barcelona, Ariel, págs. 119-125.
GARCÍA VIZCAÍNO, Mª J. (2011): "Humor in code-mixed airline advertising", *Pragmatics*, 21:1, págs. 145-170.
GARMENDIA, J. (2010): "Irony is critical", *Pragmatics & Cognition*, 18:2, págs. 397–421.
GIBBS, R. W. y H. L. COLSTON (2001): "The Risks and Rewards of Ironic Communication". In Anolli, L., R. Ciceri y G. Riva (eds.): *Say not Say: New perspectives on miscommunication*. IOS Press, págs. 187-200.
GIORA, R. (1995): "On irony and negation", *Discourse Processes*, 19, págs. 239-264.
GIORA, R. (ed.) (2001): *Metaphor and Symbol*, 16, 3-4. Volumen especial dedicado a los modelos del lenguaje figurado.
GIORA, R. y I. GUR (2003): "Irony in conversation: salience, role, and context effects", in Nerlich, B., Z. Todd, V. Herman y D. Clarke (eds): *Polysemy. Flexible Patterns of Meaning in Mind y Language*. Berlin/New York. Mouton de Gruyter, págs. 297-315.
GIRONZETTI, E. y X. A. PADILLA GARCÍA (2011): "¿Chiste o mentira? Una propuesta neogriceana aplicada al análisis de las viñetas cómicas periodísticas", Panel *Pragmática social: ironía y humor*, 12th *International Pragmatics Conference*, 3-8 de julio de 2011, Manchester.
GÓMEZ CAPUZ, J. (2002): "Mecanismo del lenguaje humorístico (con especial atención al nivel pragmático)", *Oralia*, 5, págs. 75-101.
GRABAN, T. S. (2008): "Beyond 'Wit and Persuasion?': Rhetoric, composition, and humor studies", en Raskin, V. (ed.): *The Primer of Humor Research*. Berlin, Mouton de Gruyter, págs. 399-447.
GREENBAUM, A. (1999): "*Stand-up comedy* as rhetorical argument: An investigation of comic culture", *Humor*, 12-1, págs. 33-46.
GREGORY, M. y CARROLL, S. (1986): *Lenguaje y situación. Variedades del lenguaje y sus contextos sociales*. México, Fondo de Cultura Económica, (1ª ed., 1978).
GRICE, H. P. (1975): "Logic and Conversation", en Cole, P. y J. Morgan (eds.): *Syntax and Semantics*, 3, New York, Academic Press, págs. 41-58).
GRUPO GRIALE (2011): *¿Estás de broma? 20 actividades para practicar la ironía en clase de ELE*. Madrid, Edinumen.
GÜNTHNER, S. y H. KNOBLAUCH (1995): "Culturally patterned speaking practices. The analysis of communicative genres", *Pragmatics*, 5:1, págs. 1-32.

HABIB, R. (2008): "Humor and disagreement: Identity construction and cross-cultural enrichment", *Journal of Pragmatics*, 40, págs. 117-1145.
HAMPES, W. P. (1999): "The relationship between humor and trust", *Humor*, 12-3, págs. 253-259.
HAY, J. (2000): "Functions of humor in the conversations of men and women", *Journal of Pragmatics*, 32. 709-742.
HEATH, R. L. Y L. X. BLONDER (2003): "Conversational humor among stroke survivors", *Humor*, 16-1, págs. 91-106.
HEMPELMANN, C. F. Y A. C. SAMSON (2008): "Cartoons: Drawn jokes? ". En Raskin, V. (ed.): *The Primer of Humor Research*. Berlin, Mouton de Gruyter, págs. 609-639.
HEMPELMANN, Ch. F. y W. RUCH (2005): "3 WD meets GTVH: Breaking the ground ofr interdisciplinary humor research", *Humor*, 18-4, págs. 353-387.
HIDALGO DOWNING. R. y S. IGLESIAS RECUERO (2009): "Humor e ironía: una relación compleja". In Ruiz Gurillo, L. y X. A Padilla García (eds): *Dime cómo ironizas y te diré quién eres. Una aproximacion pragmática a la ironía*. Frankfurt, Peter Lang, págs. 423-455.
HOBBS, P. (2007a): "Lawyers' use of humor as persuasion", *Humor*, 20-2, págs. 123-156.
HOBBS, P. (2007b): "Judges' use of humor as a social corrective", *Journal of Pragmatics*, 39, págs. 50-68.
HOLMES, J. (2006): "Sharing a laugh: Pragmatic aspects of humor and gender in the workplace", *Journal of Pragmatics*, 38, págs. 26-50.
IGLESIAS CASAL, I. (2004-05): "Humor y mecanismos de (re)construcción textual: anatomía de algunos delitos discursivos", *DEA*, 6-7, págs. 35-60.
ISENBERG, H. (1987): "Cuestiones fundamentales de tipología textual". En Bernárdez, E. (Comp.): *Lingüística del texto*. Madrid, Arco, págs. 95-129.
JORGENSEN, J. (1996): "The functions of sarcastic irony in speech", *Journal of Pragmatics*, 26, págs. 613-634.
KALBERMATTEN, M.I. (2006): *Verbal irony as a Prototype Category in Spanish: A Discoursive Analysis*. Tesis doctoral. University of Minnesota.
KERBRAT-ORECCHIONI, C. (2004): "L'humour au quotidien", en *L'humour hispanique* Lyon, Université de Lyon II, págs. 17-40.
KITAZUME, S. (2010): *How to Do Things with Humor*. Eihōsha.
KOTTHOFF, H. (2003): "Responding to irony in different contexts: on cognition in conversation", *Journal of Pragmatics* 32, págs. 1387-1411.
KOTTHOFF, H. (2006a): "Introduction: the pragmatics of humor", *Journal of Pragmatics*, 38, págs. 1-3.
KOTTHOFF, H. (2006b): "Gender and humor: The state of the art", *Journal of Pragmatics*, 38, págs. 4-25.

KOTTHOFF, H. (2006c): "Pragmatics of performance and the analysis of conversational humor", *Humor*, 19-3, págs. 271-304.
KOTTHOFF, H. (2007): "Oral genres of humor: On the dialectic of genre knowledge and creative authoring", *Pragmatics*, 17, 2, págs. 263-296.
KOTTHOFF, H. (2011): "Co-creating fantastic pretense scenarios", Panel *Pragmática social: ironía y humor, 12th International Pragmatics Conference*, 3-8 de julio de 2011, Manchester.
LAMPERT, M. D. y S. M. ERVIN-TRIPP (2006): "Risky laughter: Teasing and self-directed joking among male and female friends", *Journal of Pragmatics*, 38, págs. 51-72.
LAURIAN, A-M. y T. SZENDE (eds.) (2001): *Les mots du rire: comment les traduire?* Bern, Peter Lang.
LEFORT, B. (1999): "Le discours comique et sa réception : le cas des histoires drôles". En Rosier, L. y J-M. Defays (eds.): *Approches du discours comique*. Mardaga, págs. 113-132.
LEVINSON, S. C. (2000): *Presumptive Meanings. The Theory of Generalized Conversational Implicature*. Cambridge, Massachusetts.
LLERA, J. A. (2004): "La investigación en torno al humor verbal", *Revista de Literatura (CSIC)*, LXVI, 132, págs. 527-535.
LOUREDA, Ó. (2009): *Introducción a la tipología textual*. Madrid, Arco/Libros.
MARIMÓN, C. (2006): "El texto narrativo", *Liceus* (<www.liceus.com>). Fecha de consulta, julio de 2010).
MARIMÓN, C. (2009): "La retórica", en Ruiz Gurillo, L. y Xose A. Padilla García (eds.), págs. 13-44.
MARTIN, R. A. (2004): "Sense of humor and physical health: Theoretical issues, recent findings, and future directions", *Humor*, 17-1/2, págs. 1-19.
MARTÍNEZ EGIDO, J. J. (2009): "Ironía e historia de la lengua", en Ruiz Gurillo, L. y Xose A. Padilla García (eds.), págs. 347-370.
MARTÍNEZ SIERRA, J. J. (2005). "Un acercamiento descriptivo y discursivo a la traducción del humor en textos audiovisuales. El caso de *Los Simpson*", *Puentes*, nº 6, págs. 53-60.
MARTÍNEZ SIERRA, J. J. (2008): *Humor y traducción. Los Simpson cruzan la frontera*. Castellón, Universidad Jaume I.
MEIBAUER, J. (2005): "Lying and false implicating", *Journal of Pragmatics*, 37, págs. 1373-1399.
MÉNDEZ GARCÍA DE PAREDES, E. (2004): "Humor y televisión en España", en *L'humour hispanique*. Lyon, Université de Lyon II, págs. 147-190.
MÉNDEZ GARCÍA DE PAREDES, E. (2009): "El humor mediático y la frivolización del discurso púplico. La parodia informativa". Comunicación presentada al *Congreso Internacional Pragmática del español hablado: nuevas perspectivas para el estudio del español coloquial*. Valencia, 17-20 de noviembre de 2009.

MORREAL, J. (2004): "Verbal humor without switching scripts and without non-*bona fide* communication", *Humor*, 17-4, págs. 393-400.
MUÑOZ-BASOLS, J. (2010): "Los grafiti *in tabula* como método de comunicación: Autoría, espacio y destinatario", *Revista de Dialectología y Tradiciones Populares*, LXV, 2, págs. 389-426.
NOH, E.-J. (2000): *Metarepresentation. A Relevance-Theory Approach*. Amsterdam, John Benjamins.
NORRICK, N. R. (2003): "Issues in conversational joking", *Journal of Pragmatics*, 35, págs. 1333-1359.
NORRICK, N. R. (2007); "Interdiscourse humor: Contrast, merging, accomodation", *Humor*, 20-4, págs. 389-413.
PADILLA GARCÍA X. A. (2004): "El tono irónico: estudio fonopragmático", *Español Actual*, 81, págs. 85-98.
PADILLA GARCÍA, X. (2009): "Marcas acústico-melódicas: el tono irónico", en Ruiz Gurillo, L. y Xose A. Padilla García (eds.), págs.135-166.
PADILLA, X.A y E. GIRONZETTI: (2010): "Humor e ironía en las viñetas cómicas periodísticas: un estudio pragmático-intercultural". En *Pragmática y Comunicación Intercultural*. London University Press.
PARTINGTON, A. (2006): *The Linguistics of Laughter*. New York, Routledge.
PARTINGTON, A. (2007): "Irony and reversal of evaluation", *Journal of Pragmatics*, 39, 9, págs. 1547-1569
PAULOS, J. A. (1980): *Mathematics and Humor*. Chicago and London, University of Chicago Press.
PAVIS, P. (1996): *Diccionario del teatro: dramaturgia, estética, semiología*. Barcelona.
PERELMAN, Ch. y OLBRECHTS-TYTECA, L. (1989): *Tratado de la argumentación. La nueva retórica*. Madrid, Gredos (1ª ed., 1958).
PERLMUTTER, D. D. (2000): "Tracing the origin of humor", *Humor*, 13-4, págs. 457-468.
PERLMUTTER, D. D. (2002): "On incongruities and logical inconsistences in humor: *The delicate balance*", *Humor*, 15-2, págs. 155-168.
POPPER, K. (1972): *Objective Knowledge: An Evolutionary Approach*. Oxford. Clarendon Press.
PROVENCIO, H. (2009): "La prefijación y la sufijación", en Ruiz Gurillo, L. y Xose A. Padilla García (eds.), págs.241-265.
PUEO, J. C. (2002): *Los reflejos en juego. Una teoría de la parodia*. Valencia, Tirant lo Blanch.
RASKIN, V. (1985): *Semantic Mechanisms of Humor*. Reidel, Dordrecht.
RASKIN, V. (1998): "Humor". En Mey, J. (ed.): *Concise Encyclopedia of Pragmatics*. Amsterdam, Elsevier, págs. 354-359.
RASKIN, V. (2004): "Afterword", *Humor*, 17-4, págs. 429-436.
RASKIN, V. (2008): "Theory of humor and practice of humor research: Editor's notes and thoughts", en Raskin, V. (ed.): *The Primer of Humor Research*. Berlin, Mouton de Gruyter, págs. 1-16.

RASKIN, V. (ed.) (2008): *The Primer of Humor Research*. Berlin, Mouton de Gruyter.
RAWLINGS, D. (2008): "Relating humor preference to schizotypy and autism scores in a student sample", *Humor*, 21-2, págs. 197-219.
REUS BOYD-SWAN, F. (2009): "Cómo se manifiesta la ironía en un texto escrito", en Ruiz Gurillo, L. y Xose A. Padilla García (eds.), págs. 293-305.
REYES, G. (1984): *Polifonía textual. La citación en el relato literario*, Madrid, Gredos.
REYES, G. (1990): *La pragmática lingüística. El estudio del uso del lenguaje*, Barcelona, Montesinos.
RÍOS CARRATALÁ, J. A. (2005): *La memoria del humor*. Alicante, Universidad, Servicio de Publicaciones.
RITCHIE, G. (2004). *The Linguistic Analyses of Jokes*. London, Routledge.
RITCHIE, G. (2005): "Frame-shifting in Humor and Irony", *Metaphor and Symbol*, 20, págs. 275-294.
RITCHIE, G. (2006): "Reinterpretation and Viewpoints", *Humor*, 19-3, págs. 251-270.
RIVAROLA, J. L. (1991): "Signos del humor", en *Signos y significados. Ensayo de semántica lingüística*. Pontificia Universidad Católica del Perú, págs. 91-108.
ROCA MARÍN, S. (2009): "Ironía e interculturalidad", en Ruiz Gurillo, L. y Xose A. Padilla García (eds.), págs.457-477.
ROCA MARÍN, S. (2010): ""El humor en la adaptación literaria para ELE", comunicación presentada en el *Forum for Iberian Studies. The Limits of Literary Translation*. Oxford, junio 2010.
RODRÍGUEZ ROSIQUE, S. (2008): *Pragmática y Gramática. Condicionales concesivas en español*. Frankfurt, Peter Lang.
RODRÍGUEZ ROSIQUE, S. (2009): "Una propuesta neogriceana", en Ruiz Gurillo, L. y Xose A. Padilla García (eds.), págs. 109-132.
RODRÍGUEZ ROSIQUE, S. y L. BAGUÉ QUÍLEZ (en prensa): "Verso y reverso: la poesía española contemporánea a la luz de la teoría pragmática de la ironía y el humor", *Bulletin Hispanique*.
ROGERSON-REVELL, P. (2006): "Humour in business: A double-edged sword. A study of humour and style shifting intercultural business meetings", *Journal of Pragmatics*, 39, págs. 4-28.
ROJAS MARCOS, L. (2010): *Superar la adversidad. El poder de la resiliencia*. Madrid, Espasa.
ROMERO, B.(2010): "Sí que pasa algo: ¡Es un programa de televisión!" en Buenafuente, A. *Sigo diciendo (Los monólogos de La Sexta)*. Barcelona, Planeta, págs. 11-12.
ROSIER, L. y J-M. DEFAYS (eds.) (1999): *Approches du discours comique*. Mardaga.

Ross, A. (1999): *The language of humour*. Londres, Routledge.
Rossen-Knill, D.F. y R. Henry (1997): "The pragmatics of verbal parody", *Journal of Pragmatics*, 27, págs. 719-752.
Ruiz Gurillo, L. (2006): *Hechos pragmáticos del español*. Alicante, Universidad de Alicante.
Ruiz Gurillo, L. (2008): "Las metarrepresentaciones en el español hablado", *Spanish in Context*. 5:1, págs. 40-63.
Ruiz Gurillo, L. (2009a): ¿Cómo se gestiona la ironía en la conversación?". *RILCE*, 23.2, págs. 363-377.
Ruiz Gurillo, L. (2009b): "La gramaticalización de unidades fraseológicas irónicas", en Ruiz Gurillo, L. y Xose A. Padilla García (eds.), págs. 371-390.
Ruiz Gurillo, L. (2010a): "Las 'marcas discursivas' de la ironía". En J. L. Cifuentes, A. Gómez, A. Lillo, J. Mateo y F.Yus (eds.): *Los caminos de la lengua. Estudios en homenaje a Enrique Alcaraz Varó*. Alicante, Servicio de Publicaciones de la Universidad de Alicante.
Ruiz Gurillo, L. (2010b): "Para una aproximación neogriceana a la ironía en español", *Revista Española de Lingüística*, 40/2, págs. 95-124.
Ruiz Gurillo, L. (en prensa 1): "Parody as evaluation: about a television sketch", en Alba-Juez, L. y G. Thompson (eds.): *Evaluation in Context*. Amsterdam, John Benjamins.
Ruiz Gurillo, L. (en prensa 2): "Narrative strategies in *Buenafuente's* humorous monologue", en Ruiz-Gurillo, L; Mª B. Alvarado-Ortega (eds.).
Ruiz Gurillo, L. y Belén Alvarado Ortega (eds.) (en prensa): *Irony and Humor: Highlights and Perspectives*. Amsterdam, John Benjamins.
Ruiz Gurillo, L. y Belén Alvarado Ortega (2011): "El humor desde la perspectiva pragmática. Análisis de monólogos y de conversaciones espontáneas en español", Panel *Pragmática social: ironía y humor*, *12th International Pragmatics Conference*, 3-8 de julio de 2011, Manchester.
Ruiz Gurillo, L. y X. A. Padilla García (eds.) (2009): *Dime cómo ironizas y te diré quién eres. Una aproximación pragmática a la ironía*, Frankfurt, Peter Lang.
Ruiz Gurillo, L., Marimón, C., Padilla, X., y L. Timofeeva (2004): "El proyecto GRIALE para la ironía en español: conceptos previos", *Estudios de Lingüística de la Universidad de Alicante*, 18, págs. 231-242.
Sacks, H., E. Schegloff, G. Jefferson (1974): "A simplest systematics for the organization of turn-taking in conversation". *Language*, 50, (4), págs. 696-735.
Sánchez Castro, M. (2010): "Humor se escribe con hache: Una propuesta didáctica para la explicación del léxico en la clase de ELE", *MarcoELE. Revista de Didáctica ELE*, número 10.
Santamaría, I. (2009): "Los evidenciales", en Ruiz Gurillo, L. y Xose A. Padilla García (eds.), págs. 267-292.

SAROGLOU, S. y L. ANCIAUX (2004): "Liking sick humor: Coping styles and religion as predictors", *Humor*, 17-3, págs. 257-277.
SCHEGLOFF, E. A. (2001): "Getting serious: Joke → serious 'no'", *Journal of Pragmatics*, 33, págs. 1947-1955.
SCHLESINGER, I. M. Y S. HURVITZ (2008): "The structure of misunderstandings", *Pragmatics and Cognition*, 16:3, págs. 568-585.
SCHOENTJES, P. (2003): *La poética de la ironía*. Madrid, Cátedra (1ª ed., 2001).
SILVA CORVALÁN, C. (1987), "La narración oral española, estructura y significado", en E. Bernárdez (comp.). *Lingüística del texto*. Madrid, Arco-Libros, págs. 265-292 (1ª ed., 1983).
SIMONIN, O. (en prensa): "Voices of irony", *Journal of Pragmatics*.
SIMPSON, P. (2003): *On the Discourse of Satire*. Amsterdam, John Benjamins.
SPANG, K. (1983): "Semiología del juego de palabras", *Teorías semiótica. Lenguajes y textos hispánicos*. Madrid, CSIC, págs. 295-303.
SPERBER, D. (ed.) (2000): *Metarepresentations. A multidisciplinary perspective*. Oxford, University Press.
SPERBER, D. y D. WILSON (1978): "Les ironies comme mentions", *Poétique*, 36, págs. 399-412 [También en Sperber, D. y D. Wilson (1981a): "Irony and the use-mention distinction". En Cole, P. (ed.): *Radical Pragmatics*, New York, Academic Press, págs. 295-318].
SPERBER, D. y D. WILSON (1981): "Irony and the use-mention distinction." En Cole, P. (ed.): *Radical Pragmatics*. New York, Academic Press, págs. 295-318.
SPERBER, D. y D. WILSON (1989): "On verbal irony." *UCL Working Papers in Linguistics*, 1, págs. 96-118.
SPERBER, D. y D. WILSON (1994): *La relevancia, comunicación y procesos cognitivos*. Madrid: Visor (1ª ed., 1986).
SULS, J. M.(1972): "A two-stage model for the appreciation of jokes and cartoons: an information processing analysis". En Goldsteins J. H. y P. E. McGhee (eds.): *The Psychology of Humor*. Nueva York, Academic Press, págs. 81- 100.
TIMOFEEVA, L. (2008): *Acerca de los aspectos traductológicos de la fraseología española*. Tesis doctoral disponible en (http://rua.ua.es/dspace/handle/10045/7707).
TIMOFEEVA, L. (2009): "Unidades fraseológicas", en Ruiz Gurillo, L. y Xose A. Padilla García (eds.), págs.193-217.
TORRES SÁNCHEZ, Mª Á. (1999a): *Aproximación pragmática a la ironía verbal*, Cádiz, Universidad de Cádiz.
TORRES SÁNCHEZ, Mª Á. (1999b): *Estudio pragmático del humor verbal*. Cádiz, Universidad de Cádiz.
TORRES SÁNCHEZ, Mª Á. (2009): "La relevancia", en Ruiz Gurillo, L. y Xose A. Padilla García (eds.), págs. 65-87.

Tsakona, V. (2003): "Jab lines in narrative Jokes", *Humor*, 16.3, págs. 315-329.
Tümkaya, S. (2007): "Burnout and humor relationship among university lecturers", *Humor*, 20-1, págs. 73-92.
Utsumi, A. (2000): "Verbal irony as implicit display of ironic environment: Distinguishing ironic utterances from nonirony", *Journal of Pragmatics*, 32. 1777-1806.
Veale, T. (2005): "Incongruity in Humour: Root Cause or Epiphenomenon?", *Humor*, 17-4, págs. 410-428.
Veale, T. (2009): *"Hiding in Plain Sight*. Figure-Ground Reversals in Humour", en Brône, G. y J. Vandaele (eds.): *Cognitive Poetics: Goals, Gains and Gaps*. Berlin, Mouton de Gruyter.
Veale, T. y Y. Hao (2009): "Support Structures for Linguistic Creativity: A Computational Analysis of Creative Irony in Similes". En *Proceedings of CogSci 2009, the 31st Annual Meeting of the Cognitive Science Society*. Amsterdam.
Veale, T., K. Feyaerts y G. Brône (2006): "The cognitive mechanisms of adversarial humor", *Humor*, 19-3, págs. 305-338.
Vela Bermejo, J. (2009): *Monólogo, ironía y humor* (Trabajo de doctorado, inédito. Universidad de Alicante).
Verschueren, J. (2002): *Para comprender la pragmática*. Madrid, Gredos (1ª ed., 1999).
Verschueren, J. (2009): "The pragmatics perspective", en Verschueren, J. y J-O Östman (eds): (2009): *Key Notions for Pragmatics. Handbook of Pragmatics Highlights*, 1. Amsterdam, John Benjamins, págs. 1-27.
Viana, A. (2011): "Asimmetry in script opposition", *Humor*, 23, 4, págs. 505-526.
Vigara, A. Mª (1994): *El chiste y la comunicación lúdica: lenguaje y praxis*. Madrid, Ediciones Libertarias.
Vilaythong, A. P., R. C. Arnau, D. H. Rosen y N. Mascaro (2003): "Humor and hope: Can humor increase hope?", *Humor*, 16-1, págs. 79-89.
Villarubia, M. (2010): "La ironía y el humor a través de la literatura. Una dimensión pragmática cognitiva en la enseñanza de ELE", *MarcoELE. Revista de Didáctica ELE*, 10 (http://www.marcoele.com).
Vincent, D. y L. Perrin (1999): "On the narrative versus non-narrative functions of reported speech, A socio-pragmatic study", *Journal of Sociolinguistics*, 3, 3, págs. 291-313.
Wilson, D. (2000): "Metarepresentation in linguistic communication." En Sperber, D. (ed.), págs. 411-448.
Wilson, D. (2006): "The pragmatics of verbal irony: Echo or pretence?", *Lingua*, 116, págs. 1722-1743.
Wilson, D. (2011): "Irony Comprehension and Epistemic Vigilance: A Developmental Perspective", *12th International Pragmatics Conference*, 3-8 de julio de 2011, Manchester.

WILSON, D. y D. Sperber (1992): "On verbal irony", *Lingua*, 87, págs. 53-76.
WILSON, D. y D. Sperber (2004): "La Teoría de la Relevancia", *Revista de Investigación Lingüística*, vol. VII. 233-282. [Traducción de Wilson, D. y D. Sperber (2004.): "The Theory of Relevance". En Horn, L. y G. Ward Eds. *The Handbook of Pragmatics*. Blackwell: Oxford, págs. 607-632].
YUS, F. (1995-1996) "La teoría de la relevancia y la estrategia humorística de la incongruencia-resolución." Pragmalingüística 3-4, págs. 497-508.
YUS, F. (2002): "*Stand-up comedy* and cultural spread: The case of sex roles", *Babel AFIAL*, 10 (número monográfico dedicado a los aspectos lingüísticos y literarios del humor), págs. 245-292.
YUS, F. (2003): "Humor and the search for relevance", *Journal of Pragmatics*, 35, págs. 1295-1331.
YUS, F. (2004): "Pragmatics of humorous strategies in *El club de la comedia*." En Márquez-Reiter, R. y M. E. Placencia (eds.): *Current Trends in the Pragmatics of Spanish*. Amsterdam, John Benjamins, págs. 320-344.
YUS, F. (2009): "Saturación contextual en la comprensión de la ironía", en Ruiz Gurillo, L. y Xose A. Padilla García (eds.), págs. 309-331.
YUS, F. (2010): "Relevance, humour and translation." Paper delivered at the 5th Conference *Interpreting for Relevance: Discourse and Translation*. Kazimierz Dolny (Poland).
ZHAO, H. (2011): "A relevance-theoretic approach to verbal irony: A case study of ironic utterances in *Pride and Prejudice*", *Journal of Pragmatics*, 43, págs. 175-182.

Colección BIBLIOTHECA PHILOLOGICA
Dirección: LIDIO NIETO JIMÉNEZ

Títulos publicados:

Alvar Ezquerra, M.: *De antiguos y nuevos diccionarios del español.*
Ariza, M.: *Sobre fonética histórica del español.*
—: *Insulte usted sabiendo lo que dice y otros estudios sobre el léxico.*
Bello, A.: *Gramática de la lengua castellana.* Tomo I.
—: *Gramática de la lengua castellana.* Tomo II (2 vols.).
Carricaburo, N.: *El voseo en la literatura argentina.*
Colón Doménech, G.: *Para la historia del léxico español* (I).
—: *Para la historia del léxico español* (II).
Corro, A.: *Reglas gramaticales.*
Cortés, L. y Camacho, Mª M.: *Unidades de segmentación y análisis del discurso.*
Coseriu, E.: *Lingüística del texto.*
Domínguez García, M. N.: *Conectores discursivos en textos argumentativos breves.*
Dorta, J.: (ed.): *Gramática española* (de Rasmus Kristian Rask).
— y otros (coords.): *Historiografía de la lingüística.*
Fernández Ramírez, S.: *Gramática española: Prolegómenos.*
—: *Gramática española: Los sonidos.*
—: *Gramática española: El nombre.*
—: *Gramática española: El pronombre.*
—: *Gramática española: El verbo y la oración.*
—: *Gramática española: Bibliografía, nómina literaria e índices.*
—: *Problemas y ejercicios de gramática.*
—: *La enseñanza de la gramática y de la literatura* (2ª ed. aumentada y revisada).
Frago Gracia, J.: *Historia de las hablas andaluzas.*
Fuentes Rodríguez, C.: *Lingüística pragmática y Análisis del discurso.*

— y Alcaide, E: *Mecanismos lingüísticos de la persuasión.*
García Meseguer, Á.: *Clases y categorías de nombres comunes: un nuevo enfoque.*
García Sánchez, J. J.: *Atlas toponímico de España.*
Gil Fernández, J. (ed.): *Panorama de la fonología española actual.*
González Ollé, F: *Lengua y literatura españolas medievales* (2ª ed.).
Gutiérrez Ordoñez, S.: *De pragmática y semántica* (2ª ed.).
—: *Forma y sentido en sintaxis* (2ª ed.).
—: *La oración y sus funciones.*
—: *Principios de sintaxis funcional.*
Kovacci, O.: *El comentario gramatical* (I).
—: *El comentario gramatical* (II).
Lacorte, M. (coord.): *Lingüística aplicada del español.*
Lope Blanch, J. M.: *Estudios de historia lingüística.*
López García, A. *Gramática del español* I. *La oración compuesta.*
—: *Gramática del español* II. *La oración simple.*
—: *Gramática del español* III. *Las partes de la oración.*
Loureda Lamas, Ó. y Acín Villa, E. (coords.): *Los estudios sobre marcadores del discurso en español, hoy.*
Luquet, G.: *La teoría de los modos en la descripción del verbo español.*
Martín Zorraquino, Mª A. y Montolío Durán, E.: *Los marcadores del discurso. Teoría y análisis* (2ª ed.).
Mayans y Siscar, G.: *ABECÉ español.*
Moreno Fernández, F.: *La lengua española en su geografía.*
Munteanu, D.: *Breve historia de la lingüística románica.*
Paredes Duarte, Mª J.: *Elipsis y cambio semántico.*
Porto Dapena, J. Á.: *Manual de técnica lexicográfica.*
Quilis, A.: *El comentario fonológico y fonético de textos* (3ª ed.).
Rodríguez Matritensis, C.: *Lingvae Hispanicae Compendium.*
Ruiz Gurillo, L.: *La lingüística del humor en español.*
Salvá, V.: *Gramática de la lengua castellana.* Tomo I.
—: *Gramática de la lengua castellana.* Tomo II.
Sánchez-Prieto Borja, P.: *Cómo editar textos medievales.*
Serrano, D.: *Formaciones parasintéticas en español.*
Suau Jiménez, F.: *La traducción especializada (en inglés y español en géneros de economía y empresa).*
Trujillo, R.: *Introducción a la semántica española.*
—: *Principios de semántica textual.*
Val Álvaro, J. F.: *Ideas gramaticales en el* Diccionario de Autoridades.

Varo Varo, C.: *La antonimia léxica.*
Venegas, A.: *Tractado de orthographía y accentos.*
Vivanco Cervero, V.: *El español de la ciencia y la tecnología.*
Zamorano, A.: *El subjuntivo en la historia de la gramática española (1771-1973).*

Próximos títulos:

López Eire, A, y Velasco López, Mª del H.: *La mitología griega: lenguaje de dioses y hombres.*
Ariza, M.: *Fonología y fonética históricas del español.*
Escribano Hernández, A.: *La retórica publicitaria editorial. El arte de vender un libro.*